www.tredition.de

AF216874

Über den Autor:

 **Dr. phil. Bernd Schmid** ist Leitfigur der isb GmbH, Wiesloch (seit 1984) www.isb-w.eu und der Schmid-Stiftung www.schmid-stiftung.org
Studium der Wirtschaftswissenschaften, Erziehungswissenschaften und Psychologie. Tätig als internationaler Referent, Lern- und Professionskulturentwickler, Unternehmer und Gründer von Initiativen und Verbänden, dabei Mentor und Konzeptentwickler für das Feld Organisation, für das Nutzen von OE- und Coaching-Know-how auch im Zusammenwirken von Profit- und Nonprofit-Unternehmertum.

Er ist u.a. Ehrenmitglied der Systemischen Gesellschaft, Ehrenvorsitzender Präsidium Deutscher Bundesverband Coaching www.dbvc.de, Preisträger des Eric Berne Memorial Award 2007 der Internationalen TA-Gesellschaft ITAA und des Wissenschaftspreises 1988 der Europäischen TA-Gesellschaft EATA. Life Achievement Award 2014 der Petersberger Trainertage.

Essays zu persönlichen und professionellen Themen www.blog.bernd-schmid.com,
zahlreiche Veröffentlichungen als Schriften und Audios zum kostenlosen Download unter www.isb-w.eu.
Videos: www.youtube.com/user/ISBlearning
Internationale Präsenz unter www.isb-i.eu/

Bernd Schmid

Verantwortung

Last und Würde

Essays

Lesebuch Band II

© 2016 Bernd Schmid

Verlag: tredition GmbH, Hamburg

Bibliographische Information der Deutschen Nationalbibliothek
Die Deutsche Nationalbibliothek verzeichnet diese Publikation in der Deutschen Nationalbibliografie; detaillierte bibliographische Angaben sind im Internet über http://dnb.d-nb.de abrufbar.

978-3-7345-5596-1 (Paperback)
978-3-7345-5597-8 (Hardcover)
978-3-7345-5598-5 (e-Book)

Umschlagabbildung: © Bernd Schmid Fotoarchiv

Printed in Germany

Inhalt

Einleitung

Verantwortung als Schlüsselwort beschäftigt mich schon mein ganzes Leben. Für mich kommt „Verantworten" von „Antwort geben", gelebte Antworten vorzugsweise, denn es handelt sich nicht um ein intellektuelles Spiel.

Viele Fragen stellen sich von selbst. Andere muss man stellen lernen, damit man sich zum Antworten aufgerufen fühlt. Mit den Fragen und Antworten umzugehen, im Denken, im Erleben, in Begegnungen und in der Lebensweise, ist nicht immer leicht oder bequem, doch entscheidend für Würde, für Professionalität und Menschlichkeit. Dabei geht es nicht um Strenge, sondern um Wachsamkeit, damit man öfter mal die besseren Antworten versucht. Gelegentlich ein Beispiel geben davon, wie man leben möchte, ist schon viel. Dann stellen sich stille Genugtuung, manchmal sogar Freude ein.

Für diesen Band wurden Essays aus drei Jahrzehnten ausgewählt. Sie spiegeln Erfahrungen und Überlegungen in meinen Lebensbereichen wieder. Sie wurden z.B. als Blogs (www.isb-w.eu/blog.php) von vielen Menschen gerne gelesen. Also kurze Erzählungen, die auch hier zum Sinnieren anregen sollen. An Aktualität haben sie bestimmt nicht verloren.

Die Essays in der ersten Hälfte des Lesebuchs nehmen vorwiegend persönliche Erfahrungen, Einstellungen und Verhaltensweisen in den Blick. Dann öffnet sich zunehmend die Perspektive hin auf gesellschaftliche und berufliche Perspektiven. Mit „Auf der Suche nach der verlorenen Würde – Kritische Argumente zur Ethik und zur

Professionalität in Organisationen[1]" skizzierte ich 1991 wesentliche Herausforderungen im beruflichen Bereich. Ein Auszug daraus findet sich in Kapitel 40. Die besondere Verantwortung, eigene Beiträge integrierbar zu gestalten, kam 2008 dazu (Kap. 41). Mit „Auf der Suche nach der verlorenen Verantwortung"[2] (Kap 42) legte ich 2011 noch einmal die Finger an den Puls. Alles noch offen! Diese Beiträge am Ende des Bandes sind systematischere Abhandlungen, die auf weitere verfügbare Schriften mit Konzepten und Vorgehensweisen verweisen. Ein ergänzendes Thesenpapier soll anregen, ideologische Strohfeuer von nachhaltigen Auseinandersetzungen mit dem Thema zu unterscheiden.

Ich danke Jan Zierock, der seit Jahren meinen Blog sorgfältig betreut und Laura Sobez, die sich engagiert der Lesebuchreihe angenommen hat.

Wiesloch, den 1. November 2016

---

[1] Zeitschrift für Organisationsentwicklung 3/91.
[2] Bernd Schmid: Auf der Suche nach der verlorenen Verantwortung. Perspektiven für eine ganzheitliche Entwicklung von Verantwortungskultur, in: perspektive: blau – ein Online-Wirtschaftsmagazin (10/2011).

Vertrauen

April 2013

Ich fange mit einer einfachen Behauptung an: *Wir wollen alle vertrauen!*[3]

Welche Reaktionen darauf können wir bei uns selbst beobachten?

Einfach: *Ja!* Ohne Einwände? Dann gehören wir zu den wenigen Ungebrochenen. Oder spüren wir ein: *Ja, aber!* Oder *Ja, wenn!?* Dann ist die Sehnsucht wach, aber **ge**brochen. Spüren wir ein: *Besser nicht!* Dann ist sie **zer**brochen und Resignation dominiert. Spüren wir ein: *Niemals!* oder *Träum' weiter!* Dann sind wir wohl schon zynisch geworden. Flucht in generelles Misstrauen. Spüren wir ein: *Ja, unbedingt!* Dann machen wir uns einer Flucht in die andere Richtung verdächtig.

Die guten Nachrichten: Kultur entsteht aus Gebrochenheit. Also keine Rückkehr zu Naivität. Und: Zyniker sind Idealisten, aber eben verprellte. Beide können sich schwer tun, der Spannung zwischen Sehnsucht und Realismus Stand zu halten.

Generell ist das Problem auch nicht zu lösen. Ich habe meinen Klienten immer gesagt: „Mir ist nicht wichtig, ob Sie mir anfänglich misstrauen oder vertrauen. Wichtiger ist, ob Vertrauen oder Misstrauen blind oder wach sind! Sind sie wach, dann werden Sie mir vertrauen, wenn ich es verdiene." Blindes Vertrauen ist also nicht besser als blindes Misstrauen und führt am Ende meist zu Misstrauen.

---

[3] Streiflichter aus: "Vertrauen und Kontrolle" in Professionen und Organisationen, Vortrag von Bernd Schmid bei der DBVC-Tagung in Wiesbaden 2012. Die DVD ist erhältlich unter www.dbvc.de/dvd.

Die entscheidende Frage: Ist die Beziehung lernfähig, was Vertrauen angeht? Gebrochenheit gehört dazu. Wachheit und Dialog über Vertrauen bieten die Chance zu geläuterten Vertrauensbeziehungen, in denen berechtigtes Misstrauen neben berechtigtem Vertrauen seinen Platz finden kann.

Worin wollen wir vertrauen? Zum Beispiel in

...*Zugehörigkeit*: Wer will schon von Ausschluss bedroht sein?

...*Verlässlichkeit*: Je unsicherer die Verhältnisse und je angewiesener wir sind, desto wichtiger, dass die Dinge in verlässlicher Weise abgehandelt werden.

...*Würdigung als Subjekt*: Nicht ohne Grund ist die Würde des Menschen der zentrale Wert in fast allen freiheitlichen Verfassungen.

...Raum und Resonanz für *Selbstverwirklichung*.

Nimmt man eine Gemeinschaft in diesen Dimensionen als vertrauenswürdig wahr, dann entstehen Bindung, Vertrauen und Loyalität. Missbrauch und Ausbeutung sind Gegenkräfte dazu. Erstaunlicherweise können auch diese binden, wenngleich auf ungute Weise.

Kontrolle

April 2013

Wenn Menschen kein Vertrauen in die Kultur einer Gemeinschaft haben, suchen sie Kontrolle, Macht und Privilegien zu erlangen, als Ersatz und oft suchtartig. Umgekehrt errichten Gemeinschaften Kontrollsysteme, wenn sie kein Vertrauen in die Loyalität ihrer Mitglieder haben, auch als Ersatz und unmäßig. Beides bedingt sich gegenseitig.

Doch Kontrolle alleine löst die Kulturprobleme nicht, aus denen Missstände erwachsen. An den in vielen Gesellschaftsbereichen überhand nehmenden Kontrollen kann man das erleben. Sie schützen angeblich Betroffene. Doch Kontrolle trifft hauptsächlich die Falschen und überzieht sie mit aufgabenfremden Beschäftigungen und Maßstäben. Wer aus seinem Kultur- und Selbstverständnis heraus nicht zu verantwortlichem Handeln veranlasst wird, kann nur vielleicht durch flächendeckende Kontrolle erreicht werden, meist um den Preis totalitärer Verhältnisse, die den ursprünglichen Sinn der Kontrolle sabotieren.

Ersetzt werden z.B. Vertrauen in Zugehörigkeit durch Rechtsanspruch, Verlässlichkeit durch Bürokratisierung, Würdigung durch Privilegien!

Verwaltung und Kontrolle binden die Kräfte. Sie werden zum Korsett, das Verkrümmungen im Rahmen hält. Kontrolle verheißt zunächst Sauberkeit, Schutz vor Fehlentwicklung und Missbrauch. Doch selbst ein ordentliches Kontrollsystem gerät leicht zur beherrschenden Organisationsdynamik. Was die Aufmerksamkeit dominiert, dominiert die Kultur. Anders als meist zitiert, soll jedoch das berühmte Lenin-Wort besser übersetzt werden mit:

Vertraue! Doch kontrolliere auch![4] Kontrolle also Ergänzung und nicht Ersatz! Nicht leicht, einen guten Pfad und maßvolles Vorgehen zu finden.

Gesunde und leistungsfähige Gemeinwesen brauchen Kontrolle, vorrangig gelernte und kulturell bestärkte Selbstkontrolle. Außenkontrolle soweit notwendig, möglichst nur übergangsweise und dann als Sicherung im Hintergrund. Vertrauenskultur darf nicht zahnlos sein. Sonst wird sie zu verwundbar gegenüber Störern.

Vertrauen hat viel mit Leistung zu tun. Risiko und Kreativität sind nötig, um Gemeinwesen lebendig zu halten. Zur positiven Risikokultur gehört die Akzeptanz, aus Fehlern zu lernen und dass durch Rahmen verhindert wird, dass sich Fehler unbemerkt in gefährliche Dimensionen auswachsen. Das funktioniert nur, wenn Verantwortungsdialoge als selbstverständlich institutionalisiert sind und dabei alles auf den Tisch kommt. Dies wiederum ist nur der Fall, wenn Vertrauen in den guten Umgang damit gewachsen ist. Daher unser Motto: *Kultur entsteht durch Kultur und Beispiele machen Schule.*

---

[4] Zitiert aus der Erinnerung nach einer Aussage von Eberhard Hauser auf demselben Kongress.

Ziele

März 2012

Noch so erfolgreiche Wege können erschöpfen, wenn das Wie nicht mehr stimmt. Dann taugen neue Ziele für alte Gangarten nicht. Vielleicht aber können andere Gangarten zu neuen Zielen führen.

Hierzu ein Beispiel:

Coaching-Gespräch mit einem Geschäftsführer aus einer Edelbranche im Handel. Er ist ein Mittvierziger, hat alles Angenehme, mit dem man sich in gehobenen Positionen umgibt, auch Familie. Es ist ihm ein Anliegen zu definieren, wo er in zehn, fünfzehn Jahren sein möchte.

Er hatte sich vor 20 Jahren vorgenommen, Geschäftsführer zu werden. Dieses Ziel ist seit einiger Zeit erreicht. Seither sucht er ein neues Ziel, auf das hin er leben könnte. Doch klappt es irgendwie nicht. Es gibt nur noch eine begrenzte Menge an solchen Zielen und keines will ihn so recht begeistern. Andere Arten von Zielen, wie sich neuen Lebensbereichen und Menschen öffnen, dabei an Lebensentwicklungen anderer Anteil nehmen, sich selbst in neuer Weise erproben und erfahren, machen ihn unbeholfen. Wie sollte man das angehen? Er ist ein gescheiter Mensch und begreift bald, dass er mit der Bildung von Zielen wie bisher nicht wirklich weiter kommt. Aber wonach und wie suchen?[5]

Wir begegnen dem oft in der Lebensmitte. Menschen versuchen in altem Modus neue Wege zu beschreiten. Doch wäre für sie wichtig zu verstehen, dass nicht ein

---

[5] Für eine ausführliche Darstellung des Coaching-Gespräches in seiner Gänze siehe B. Schmid / A. Mikoleit: Und der Haifisch der hat Zähne. Zum Umgang mit Macht, Angst und persönlicher Stärke (Lesebuch 3), im Erscheinen.

neues Ziel im alten Modus, sondern ein neuer Modus der Lebensorientierung wirkliche Entwicklung bedeutet und Chancen bietet, dem Leben neuen Sinn zu verleihen. Zunächst aktivierte obiger Coachee sein bislang erfolgreiches Steuerungsprogramm: Ziele definieren, Zielerreichung planen, Aktivitäten Richtung Zielerreichung starten und loslegen! Wie Motorboot fahren. Egal was Wind und Wasserströmungen nahe legen, den Motor anwerfen und mit viel PS los düsen!

Eine Alternative wäre Segeln. Man weiß sich auf Wind angewiesen, arrangiert sich mit den Strömungen, muss gelegentlich gegen den Wind kreuzen, „Umwege" in Kauf nehmen, um letztlich doch in die richtige Richtung voranzukommen. Ausstattung und Können sind zwar wichtig, doch garantieren sie kein Vorankommen. Drifts und Unwägbarkeiten geben Gelegenheit, sich in Wagemut, aber auch in Demut zu üben.

Vielleicht steht keine nächste Etappe im bekannten Rennen, sondern eher ein Entwurf an, **wie** das Berufsleben und die weitere Lebens-Entwicklung anders angegangen werden könnten und zu **wem**[6] man sich dann entwickeln könnte. Hierzu können innere Bilder und Erinnerungen, vielleicht aus der Jugendzeit, befragt werden[7]. Oft sind es Träume, in denen brach liegende Seiten der eigenen Persönlichkeit in Erscheinung treten. Man erkennt sie nur nicht als zu sich gehörend. Lange vernachlässigt, können sie zunächst ziemlich heruntergekommen erscheinen. Vielleicht mussten sie aus verständlichen Gründen lange

---

[6] Bernd Schmid (2011): Wie bin ich? (Schriften Nr. 913).
[7] Siehe hierzu Texte und Audios im kostenfreien Wissensarchiv unter www.isb-w.eu, z.B. Bernd Schmid (2005): "Seelische Bilder und berufliche Wirklichkeiten" (Schriften Nr. 98), die Textversion des Tagungsbandes Seelische Leitbilder und berufliche Wirklichkeiten (Schriften Nr. 098) oder Seelenbilder mp3 (Nr. 609).

zurückstehen und könnten nun zum Zuge kommen. Sollten es wesentliche Seiten sein, verlangen sie gerade in der 2. Lebenshälfte ihren Platz. Bleiben sie unberücksichtigt, können sie absterben oder subversiv im Hintergrund wirken.[8]

Für viele Menschen ist der Dialog mit Träumen[9] ein Weg, sich mit ungewohnten Bestrebungen der eigenen Seele anzufreunden. Da man dazu neigt, mit Träumen auf gewohnte Weise umzugehen, sind Spiegelungen anderer wichtig. Diese können oft unbefangener und konstruktiver mit Bildern aus dem Schattenbereich der anderen Persönlichkeit umgehen. So entstehen Ideen, wer oder wie man sonst noch sein könnte. Man hebt die Augen, ahnt irgendwo jenseits der Nebelfelder ein Gipfelkreuz. Doch man muss sich an den Aufstieg machen. Dieser kann langwierig sein, schwierig trotz guter Voraussetzungen und Ausrüstung. Man ist von Wetterlagen abhängig. Vieles kann nicht allein bewältigt werden. Die passenden Seilschaften zu finden und sich im Team zu bewegen, ist nicht so einfach. So manches scheint **im Wege**. Erst langsam erkennt man, dass Vieles **auf dem Weg** ist, diesen reich macht. Man lernt, die Befriedigung nicht im vorweggenommenen Gipfelsturm, sondern in den Etappen zu finden. Dann ist schon viel gewonnen. Wer vom Gipfel alles erwartet, kann dort nach kurzer Euphorie nur enttäuscht sein. Und was soll danach sein? Ein kluger Bergsteiger hat immer den Abstieg mit in der Planung.

---

[8] Bernd Schmid/Andrea Mikoleit: Und der Haifisch, der hat Zähne. Zum Umgang mit Angst, Macht und persönlicher Stärke (Lesebuch 3), im Erscheinen.
[9] Bernd Schmid / Andrea Günter - Systemische Traumarbeit - Der schöpferische Dialog anhand von Träumen.

Geben und Nehmen

Februar 2012

Ein Dilemma kommt selten allein.

Dass in Beziehungen Geben und Nehmen irgendwie gut geregelt werden muss, stößt überall auf Zustimmung. Spannend finde ich, wenn man bei Auseinandersetzungen um Anrechte, Ansprüche und Entgegenkommen in Beziehungen, ein Paradox beobachten kann: Einige, die am wenigsten beitragen, wenn Suppe gekocht wird, beeilen sich, mit möglichst großen Tellern beim Austeilen derselben zur Stelle zu sein. Oft stellen die, die nicht wirklich reichlich beigetragen haben, die höchsten Ansprüche an das, was geworden ist bzw. an die anderen in der Gemeinschaft. Diese Ansprüche werden mit Verbissenheit vorgetragen und aus einer erstaunlichen Geschichtsschreibung abgeleitet. Abenteuerliche Rechnungen werden aufgemacht, bei denen die tatsächlichen Köche schlecht und die Suppenpiraten gut wegkommen. Das ruiniert auf Dauer die Großzügigkeit und die Friedfertigkeit der geduldigsten Köche. Statt ihre Beiträge gewürdigt zu sehen, wird ihnen manchmal sogar Ausbeutung, Missbrauch oder gar Betrug unterstellt. Wird da nicht durch ein *Haltet den Dieb!* die Aufmerksamkeit fehlgelenkt?

Müsste der Vorteilnehmer nicht irgendwo wissen, wie ungerechtfertigt seine Haltung ist? Darf die Scham darüber nicht zu Bewusstsein kommen? Würde er sich erst recht erniedrigt fühlen? Er müsste sich die eigenen Mängel, die eigene Anmaßung und das Profitieren von anderen eingestehen. Wird hingegen die Großzügigkeit der Geber als (zumindest moralisches) Herrschaftsgebaren interpretiert, können sich die Nehmer mit dem eigenen Opferstatus und ihren Ansprüchen auf Wiedergutmachung beschäftigen. Durch Lärm soll vermieden werden, dass all dies offensichtlich wird, und dass man es bei diesen Rahmensetzungen nicht auf Augenhöhe schafft. Statt vermeintliche Rechte einzufordern, auch noch die Großmut der Geber anzuerkennen, würde den Gesichtsverlust - auch vor sich selbst- so verschärfen, dass dies die eigene Aufrichtigkeit überfordert. Kann dies -psychologisch betrachtet- in einer solchen Lage erwartet werden?

Bei den Gebern, könnte man denken, wäre die Lage komfortabel. Dies stimmt vielleicht bezüglich der materiellen Lage. Denn wer bisher gut Suppe kochen konnte, wird dies auch weiterhin können und tun, selbst wenn er viel abgibt. Doch wie ist die Seelenlage? „Was soll's?" könnten die Geber eigentlich sagen und der Sache ihren Lauf lassen. Doch will man diesem Treiben Vorschub leisten? Wer will sich schon übervorteilen lassen? Sollte man dem Einhalt gebieten, auch wenn dies ein heikles Unterfangen ist? Lohnt es, seine Kräfte dabei zu verzehren? Eigentlich nicht. Aber will man auch noch eine erlebte Imagebeschmutzung hinnehmen? Dann wird einem doppelt genommen. Aber, wie sich wehren, ohne eine unfruchtbare Auseinandersetzung zu führen und den Schaden noch zu vergrößern? Zwar hätte man zunächst gerechte Motive, doch müsste man den weiteren Schaden mitverantworten, weil man ja weiß, wohin das führt. Denn: *Im Rechthaben verharren führt zu Unrecht*[10] Eine lose-lose-Situation innerhalb der entstandenen Optionen und für beide Seiten ein Dilemma[11].

---

[10] aus: B. Schmid: „Originalton. Sprüche aus dem isb Wiesloch"
[11] B.Schmid / J. Hipp (1998): Macht und Ohnmacht in Dilemmasituationen (Schriften Nr. 024) sowie B. Schmid / K. Jäger (1986): Zwickmühlen - Oder: Wege aus dem Dilemmazirkel (Schriften Nr. 191).

Hätte man das verhindern können? Ein klarer Umgang mit dem Geldbeutel erhält die Freundschaft, sagt der Volksmund. Doch soll man wirklich in Freundschaftsbeziehungen rechnen? Muss denn alles kommerzialisiert werden? Eher nicht, doch wenn Geben und Nehmen nicht irgendwie ausgeglichen werden, gehen Freundschaften eben auch baden. Alles muss irgendwo seinen Ausgleich finden. Man kann guten Gewissens von Beziehungsökonomie sprechen. Wer das verteufelt, muss mal näher nachschauen, welche seiner „zwischenmenschlichen Geschäfte" unter der Ladentheke abgewickelt werden sollen.

Helm Stierlin spricht vom Verrechnungsnotstand[12]. Großzügigkeit allein ist keine Lösung, sondern ein Holzweg, den man leicht aus Bequemlichkeit, Überlegenheitsneigungen oder falsch verstandener Selbstlosigkeit zu gehen bereit ist. Also besser, man klärt frühzeitig mit sich und anderen, wie es mit Geben und Nehmen und mit der Augenhöhe steht. Dabei geht es nicht unbedingt um Kommerz. Neben Geld gibt es viele Maßeinheiten, in denen gerechnet werden kann und viele Währungen, die dabei zählen. Man sollte sich verständigen, was für wen wie zählt, sonst stimmen die Rechnungen nicht und erst recht nicht überein. Währungen, für die es nicht die üblichen Preisschilder gibt sind z.B. Kreativität, Aufmerksamkeit, Hingabe, und Würdigung, Solidarität, Treue, Engagement oder Mut. Ich jedenfalls traue solchen, deren Rechnungen ich kenne, und die meine kennen, mehr als jenen, die vielleicht in untergründigen Buchhaltungen Gläubigerpositionen aufbauen. Stehe ich selbst zu dem, was ich aus der Beziehung nehmen will, dann können wir gemeinsam mit unseren Bilanzen umgehen und so einer

---

12 Helm Stierlin: Gerechtigkeit in nahen Beziehungen- Systemisch-therapeutische Perspektiven, 2. Auflage, Heidelberg 2007.

Entgleisung der Beziehung vorbeugen. Manchmal gibt eine Beziehung auch weniger als erwartet, dann muss man auch damit umgehen und „abschreiben". Sonst zahlen alle irgendwie drauf. Und das zerstört, was die Beziehung sonst noch sein kann.

Sensibelchen

Februar 2011

Sind wir Sensibelchen? Wenn mein Wecker um 6 klingelt, stehe ich auf und fertig. Fällt es mir schwer? Ich beschäftige mich nicht damit. „Wat mut, dat mut."

Auf die Frage, wie es mir geht, habe ich schon immer etwas verstört reagiert. Ich weiß es nicht so recht. Ich interessiere mich auch nicht besonders dafür, es sei denn, es wäre etwas Besonderes. Das liegt wohl daran, dass man sich in meiner Familie nie dafür interessiert hat, wie es jemandem geht. Man wurde selbstverständlich mit dem Nötigen versorgt und bekam Hilfe, wenn dafür offensichtlicher Bedarf war. Ansonsten war Befinden kein Thema. Ist das nun ein Unglück oder ein Glück?

Fulbert Steffenski: „Wenn man glücklich ist, spürt man sich selber nicht- ...Selbstvergessenheit ist nicht Moral oder Tugend, sie ist Glück.....So werden einsame Menschen oft egoistisch, nur weil ihnen kein anderes Thema gewährt ist als sie selbst."[13][...] „Denn wir stellen fest, wie sehr man sich in der Selbstbeabsichtigung erschöpfen kann." [...] „Wer nichts anderes im Auge hat als sich selber, verheert sich und seine Welt." Das gilt wohl auch für einige Einsame in gewichtigen Funktionen und Beziehungen. Viktor Frankl[14] sagt: „Das Auge, das sich selbst wahrnimmt, ist gestört."

---

[13] „Das Glück gebraucht zu werden", aus: Fulbert Steffensky: Der Schatz im Acker, Stuttgart (Radius-Verlag) 2010, S. 167 + 171.
[14] Viktor E. Frankl: Das Leiden am sinnlosen Leben. Psychotherapie für heute, 24. Auflage, Freiburg 2013.

„Sich selbst zum Schoßhündchen werden", will sicher keiner wirklich, wenn er stattdessen eine erfüllende Ausrichtung auf die Welt erreichbar sieht. Doch dazu müssen wir uns mit unserer Mittelmäßigkeit arrangieren. Und auch damit, dass wir eben nur ein Sandkorn sind, wenn es auch mit anderen zusammen als beachtliche Düne wirken kann. Es ist eben nicht jeder ein Supertalent, dessen Einzigartigkeit in hohem Rang münden wird. Neue Anforderungen sind Anlass, neu über notwendige Kompetenzen und wie wir sie erwerben können nachzudenken. Da müssen wir aufpassen, dass wir Würdigung nicht mit Überhöhung und Elite-Fata-Morganas verwechseln. Haben wir aus den Augen verloren, dass Gefühlserziehung eben auch Erziehung zur Robustheit bedeuten kann, zu angemessener Sensibilität, die nicht wehleidig macht?

Robustheit

Februar 2011

Ist es nicht auch ein Kreuz, wenn Kinder durch übermäßige Anteilnahme und Interesse an ihren Befindlichkeiten eben genau lernen, sich für diese verquer und übermäßig zu interessieren? Und dabei nicht lernen, sich Anforderungen zu stellen. Kürzlich beobachtete ich einen ca. 10jährigen, der bei einer einfachen Wurfübung wiederholt nichts zustande brachte und auch nichts dazulernte, sich aber bei jedem Zufallstreffer in Siegerposen erging. Dafür kassierte er jedes Mal den Beifall der umstehenden Mütter. Auch Väter setzten dem nichts entgegen. Wie soll ein Arbeitgeber später mit so jemandem zurecht kommen?

Klar ist positive Bestärkung elementar wichtig. Aber was ist das richtige Maß? Das, was meine Generation in der Nachkriegs-Kindheit erfahren hat, kaum. Doch war das, was wir dann nach 1968 mit unseren Kindern versucht haben, im Maß richtig? Wir fanden Erziehungsmethoden kaltherzig, die ohne besondere Rücksicht auf Befindlichkeiten ein diszipliniertes Ausrichten auf Aufgaben verlangt haben. Doch konnte man dabei nicht auch lernen, sich mehr für die Welt als für sich selbst zu interessieren? Hilft dies nicht, sich im langen Bogen besser zu verwirklichen und mit sich einig zu sein, weil man Hingabe gelernt hat?

Natürlich beglücken Sprüche wie „Du bist ein Geschenk an die Welt!" Ja, gerne! Aber so viele wollen Geschenk sein und so wenige Geschenkempfänger. Also rausfinden, aus welchem Holz man ist und dann das daraus Mögliche fertigen und zu Markte tragen! Ohne echte Nachfrage auch kein Schenken. In unseren angebotsüberfrachteten Märkten kriegen wir täglich zu spüren: Wir kommen nur an, wenn wir anderen etwas als wertvoll Betrachtetes zu bieten haben. Und dabei müssen wir mit Blendern und Rattenfängern aller Spielarten konkurrieren. Das ist nicht einfach: Man muss lernen, sich auf gute Weise anzubieten. Auch das gehört heute zur Lebenstüchtigkeit und zur Professionalität[15].

Kein Zweifel, es gibt genug Menschen, die zu wenig auf sich achten und sich und andere mit Leistungsansprüchen und Ambitionen unterjochen und in den Burnout treiben. Wer sich und anderen solches dauerhaft zumutet, weil er sich selbst in der „Nahrungskette" in Gefahr oder unter Druck sieht, muss erstmal ermutigt werden, sich gegen totale Ausbeutung und Selbstausbeutung zu stellen. Es gibt die Deformation aufgrund mangelnder Sensibilität, doch es gibt auch Deformation aufgrund zu hoher Sensibilität. Welche im Leben leichter zu kompensieren ist, wäre noch zu klären.

Die neuere Forschung bestätigt die Erfahrung, dass Sportler und andere, die gelernt haben, sich etwas zuzumuten, nicht unbedingt etwas „verdrängen", sondern tatsächlich weniger Schmerz und körperliches Unbehagen empfinden und sich auf ihre Leistung konzentrieren können, was zu ihrem Glück beiträgt. In der Schmerztherapie wird Schmerz heute frühzeitig chemisch oder auf andere Art „gelöscht", um nicht mehr Schmerzorientierung zu züchten. Diese verursacht sonst letztlich mehr Leiden. Natürlich soll hier nicht einer Vermeidung sinnvoller Schmerzbegegnung „das Wort geredet" werden. Sich unvermeidbarem Leiden zu stellen, ist aber etwas anderes als sich

---

[15] B. Schmid (2007): Systemische Professionalität-Mit Menschen für Menschen wirtschaften (Schriften Nr. 127), S. 16ff. „Professionelle Kompetenzen".

unnötig in einer Leidensbiographie einzurichten. Wir sind dafür kulturell anfällig. Denn es gibt eine christliche, insbesondere protestantische Lust am Leiden, die wir durchaus infrage stellen sollten. Aber sie durch Gesundbeten und Ansprüche auf dauerndes spürbares Wohlbefinden verdrängen zu wollen, ist vielleicht nur die andere Seite derselben Medaille. Doch Übersensibilität kann es nicht sein. Wie wollen wir als eine Gesellschaft von Prinzen und Prinzessinnen auf Erbsen die vor uns liegenden Herausforderungen meistern?

Dieser Tage habe ich wieder einmal Götz Werner[16] gehört. Das Motto im Training als Ruderer lautete „**BB**". Die vielleicht erotischen Phantasien (Brigitte Bardot) der jungen Männer mussten leider durch folgende Erfolgsvision ausgetauscht werden:

Beständig in der Anstrengung -- **B**escheiden in der Erfolgserwartung.

Herr Werner meint, damit gut gefahren zu sein.

---

[16] Götz Werner: (* 5. Februar 1944 in Heidelberg) ist Gründer und Aufsichtsratsmitglied des Unternehmens dm-drogerie Markt.

Verlässlichkeit

Februar 2015

Ich möchte eine alte Tugend wieder ins Spiel bringen. Verlässlichkeit!
Nein, es kommt jetzt keine Moralin-saure Schelte der „Generation *May be*"!

Denn:
Erstens erkennen immer mehr junge Menschen selbst, dass zu viel „Pending" Ineffektivität und Stress produziert. Anstatt der Freiheit, es sich immer nochmal anders überlegen, evtl. auf eine bessere Variante umsteigen zu können, entstehen durch Wechselwirkungen verquere Lösungen, Beziehungsschäden und Einsamkeit. *"Prinzipiell ja, aber ich kann nichts versprechen."* heißt es dann. Eine kürzlich veröffentlichte Chronik eines Verabredungsversuches[17] illustriert, warum viele Menschen manchen Abend am Ende allein verbringen. Und gilt es nicht immer noch als uncool, Verlässlichkeit zu vereinbaren, notfalls anzumahnen?

Zweitens müssen sich genügend Ältere selbst an die Nase fassen, weil sie nicht gerade leuchtende Vorbilder sind und Verlässlichkeit in ihrem Verantwortungsbereich überzeugend vertreten. *„Wir haben da eine Idee! Könnten Sie sich vorstellen, dass ...?"* Und dann ändern sich unsere Ideen. Und dann? Übernehmen wir Verantwortung für geweckte Erwartungen, für Engagement auf der anderen Seite? Sagen wir wenigstens ab, übernehmen Verantwortung für Ent-

---

[17] Julia Hackober: Prinzipiell Ja, aber ich kann nichts versprechen, 26.01.2015 in ICON – Stilmagazin online.

täuschungen, bedanken uns für das Interesse? Da werden Bewerbungen auf ausgeschriebene Stellen noch nicht einmal mit einer Eingangsbestätigung beantwortet. Geht man so mit angenommenen Einladungen, mit geweckten Hoffnungen um? Einerseits Gedankenlosigkeit, andererseits sind Privilegierte heute gewohnt, alles und jeden jederzeit zur Verfügung zu haben. Geduldeter Missbrauch wird zum Bestandteil mancher Geschäftsmodelle, kann man doch mittlerweile fast jeden unbedachten Einkauf zu Lasten des Lieferanten rückgängig machen.

Aber was ist, wenn wir selbst auf der anderen Seite sind? Wenn wir Stunden für den Papierkorb arbeiten, weil die Auftraggeber nicht weitergedacht haben? Wenn wir auf einen Bescheid warten und nicht zeigen mögen, wie verletzbar wir uns fühlen. Betroffene spüren, wie solche Verhältnisse an der Würde zehren. Wer weniger Opfer solcher Verhältnisse will, kann bei sich als Täter anfangen.[18] Bei Betrachtung aus einem gewissen Abstand heraus kann man seine Verantwortung erkennen, auch wenn man sich situativ als Opfer fühlt. Muss man sich z.B. chronisch übernehmen, ohne angemessene Spielräume agieren? Muss man Eindruck machen, indem man unseriöse Erwartungen weckt? Vorausblick statt Rücksichtslosigkeit, Ehrlichkeit statt Blendwerke sind am Ende eine Frage der Selbst- und Fremd-Achtung.[19]

Aber es tut sich was.

---

[18] Bernd Schmid: Blog 44: Täter und Opfer, 30.03.2010
[19] Siehe Axel Honneth: Kampf um Anerkennung, Frankfurt a. M 1992 (neue Auflage 2003).

Immerhin wird Verlässlichkeit wieder als Anstandsregel gepriesen[20]. *Pünktlichkeit ist die Höflichkeit der Könige!* Unpünktlichkeit ist eben oft eine Form von Missachtung, Pünktlichkeit nicht eine Frage zwanghafter Regeltreue, sondern der Würdigung. Natürlich bleiben Dinge in Bewegung und man muss öfter einmal nachjustieren. Aber es macht einen Unterschied, ob man vom anderen einseitig Flexibilität verlangt oder in Verantwortung für die Gültigkeit der Verabredung um Veränderung bittet. Auch in privater Partnerschaft kann man sich nicht gegenseitig versprechen, dass Beziehungen sich entwickeln, wie man sich das ausgemalt hat. Aber versprechen kann man sich einen verantwortlichen Umgang mit Veränderungen. Ob „Schluss machen" per SMS so einzuordnen ist, mag ich doch bezweifeln.

Im Geschäftsleben kommen bewährte Leitbilder wieder. z.B. „der ehrbare Kaufmann"[21]. Damit einhergehende Einstellungen stehen in Wechselwirkungen zu einen Umgang miteinander auf Augenhöhe[22]. Im isb-Umfeld gilt z.B.: *Das gesprochene Wort gilt genauso wie das geschriebene!* Oder *Die Ressourcen des anderen sind genauso wertvoll wie die eigenen!* Da überlegt man schon zweimal, bevor man gedankenlos verspricht oder das Engagement anderer in Anspruch nimmt. Uns ist auch selbstverständlich, dass wir Antwort geben, wenn wir angesprochen werden. Das geht, weil wir uns die Ressourcen dafür leisten und weil wir keine falschen Erwartungen wecken. Das wird manchmal als „etwas zugeknöpft" empfunden. Doch wollen wir nicht weit mehr Erwartungen auf uns ziehen als wir vernünftiger-

---

[20] Jochen Mai: Pünktlichkeit: Unpünktlichkeit ist gelebte Arroganz, in: Karrierebibel online, 3. Februar 2015.
[21] Siehe hierzu etwa den Beitrag in Wikipedia zu „Der ehrbare Kaufmann heute".
[22] Hierzu etwa das Projekt „Augenhöhe" mit dem gleichnamigen Film.

weise bedienen können? Manche lassen sich von Kommunikationsansprüchen überwältigen und werden dann rigoros. Doch hätte das nicht besser laufen können, wenn man im Vorfeld realistisch gewirtschaftet hätte? Manche verschicken eine automatisierte Email, die darüber informiert, dass sie nicht verfügbar sind. Doch öfter bekommen wir selbst bei KollegInnen schlicht keine Resonanz, nicht auf Informationen, nicht auf Einladungen, selbst Nachfragen gehen unter. Dann reduzieren auch wir unser Engagement und pflegen mit denen Gemeinschaft, die sich um Verlässlichkeit bemühen.

Verlässlichkeit! Ein Luxus? Warum sollten wir uns und anderen das nicht gönnen?

Leichtigkeit

Mai 2014

In einer Gruppe wurde ich gefragt, ob es ein Prinzip von mir wäre, in Richtung Leichtigkeit zu arbeiten. Dies verneinte ich, zumal es auch so klang wie alles „leicht" nehmen. Doch auf dem Nachhauseweg fiel mir als Nachklang dazu eine Szene aus einem dieser asiatischen Kampffilme ein. Ich sehe solche normalerweise nicht, vielleicht war das im Flugzeug. Doch meine Seele hat daraus eine Szene eingefangen und festgehalten: Der Meister sagte zu seinem Schüler, der gut, aber mit hohem Abrieb kämpfte: *Stell Dir vor, auf dem Boden ist ein Reispapier ausgelegt. Bewege Dich darauf beim Kampf so, dass es nicht knittert.*

Jetzt fällt mir dazu ein, dass ich schon länger versuche, mich beim (Hallen)Tennis (auf Teppichboden) so zu bewegen, dass sich mein rechter Tennisschuh am Bußballen nicht so sehr abreibt. Und dann kommt -auch jetzt im Moment- die Erinnerung an ein Geburtstagslied, in dem ich für meinen meist heftig engagierten Freund Gunther Schmidt schon vor Jahren getextet habe: *Komm Gunther, gönn Dir mal Ruhe, schau mal besinnlich auf Deine Schuhe.....*
Und so kommt ein inneres Bild zum anderen, wenn erstmal die Aufmerksamkeit auf diese sinnbildend assoziative Bilder sammelnde Ebene gerichtet ist.
Also: *Wer mag, betrachtet seine Schuhe von allen Seiten und meditiert darüber alleine oder zusammen mit anderen.*

Als ca. 30jähriger Gruppenleiter am Odenwaldinstitut war ich mit einer größeren Gruppe zum Abendessen in ein Gasthaus gegangen. Ich saß am einen Ende eines langen

Tisches und bekam schon mein Steak mit grünen Bohnen. Da wehklagte (im Spaß) ein Teilnehmer am anderen Kopfende, dass sein Teller noch leer war. Ohne mich zu besinnen, nahm ich eine Bohne und schleuderte sie hoch in die Luft in seine Richtung. Sie landete genau auf seinem Teller. Er sagte trocken „Danke" und aß sie. Dann waren wir alle still und konnten nicht recht begreifen, was geschehen war.

Na ja, Leichtigkeit eben!

Weg und Ziel

September 2009

„Irgendwann merkte ich, dass das, was ich für das Stimmen der Instrumente gehalten hatte, schon das Konzert war."

Dieser auf einer Tagung über Lebensspuren aufgeschnappte Spruch hat mich schon in jüngeren Jahren angesprungen. Er weckte mich aus den jugendlichen Ahnungen, was mir nicht noch alles im Leben offenstehen würde, dass mein gegenwärtiges Leben im Zweifel als vorläufig betrachtet und das wirkliche Leben dann noch kommen könnte.

Näher betrachtet stecken dahinter tiefe Gedanken, z.B. die Einsicht, dass das Leben Übung ist. Übung, Übung, Übung. Das sagt auch Peter Sloterdijk, der mich mit seinen weiten Perspektiven immer wieder beeindruckt.[23] Seiner Ansicht nach ist das Lebensgefühl unserer Epoche, dass es so, wie es ist, nicht bleiben kann. Warum dann Übung? Ein weltberühmter, längst aus Altersgründen zurückgezogener Cellist soll täglich noch Stunden geübt haben. Auf die Frage: *Wozu das?* Soll er geantwortet haben: *Ich glaube ich mache Fortschritte.*

Wie sollen wir eine solche Haltung in unserer zielbesessenen Zeit einordnen?

Zu der Zeit, als uns Japan auch hinsichtlich Wirtschaftskompetenz als das Land der aufgehenden Sonne erschien, habe ich gelesen, dass dies mit der kulturellen

---

[23] Peter Sloterdijk: Du musst dein Leben ändern. Über Anthropotechnik. Suhrkamp, Frankfurt am Main 2009. 723 S., Fr. 44.90.

Mischung von Zielorientierung und meditativer Einstellung zur Vergänglichkeit von Zielen zu tun hätte. Daher wäre Pi mal Daumen richtig, bei jedem Bemühen zu 50% Zielerreichung anzustreben und die anderen 50% darauf zu verwenden, sich zu üben. Denn die eigene Vervollkommnung wäre ein entscheidender Lebenszweck. Bei vielen würde eine solche Einstellung sicher ihrem persönlichen Urteilsvermögen, einem nachhaltigen professionellen Handeln und ihrer Persönlichkeit gut tun.

Was gibt es zu üben? In den aufsteigenden Jahren Lebensgestaltung jeder Art. Und später? Loslassen der Lebenswege, die man nicht wird gehen können, sich damit anfreunden, dass das Leben ein Fragment bleiben wird. Mehr leben durch neu erleben von geläufigem und mehr durch anwesend sein beitragen als durch „Karren ziehen". Und gegen Ende? Sich in Haltungen üben, die Würde bescheren.

Haben wir den Nerv dazu? Das Erdenschicksal endet in der Supernova, das persönliche in der Grube. Wo also wollen wir so eilig hin? All is vanity! (alles ist eitel), das stand schon als Slogan auf einem Poster, das bei einem meiner Studienkollegen in der „Bude" hing. Darauf sah man eine Frau aus der Nähe, die sich vor einem Spiegel schön machte. Nahm man Abstand, dann zeigte sich eben dieses Szenario als Totenkopf.

Nun soll aber nicht nur schwerer Wein eingeschenkt werden. Das kann Kopfweh bereiten. Einer meiner Lehrer, Milton Erickson[24], selbst alt, chronisch krank im Rollstuhl und doch voller Lebenszugewandtheit, zeigte in Studiengruppen eine dieser gefalteten Sinnkarten herum. Außen war unter Sternen ein Kind mit hingebungsvoll ausgebrei-

---

[24]Milton H. Erickson (* 5. Dezember 1901 in Aurum (White Pine County), Nevada; † 25. März 1980 in Phoenix, Arizona).

teten Armen zu sehen. Darunter stand: *Und wenn Du Dir dann vergegenwärtigst, wie unendlich das Universum ist, geht es Dir dann so, dass Du Dich unendlich klein und unbedeutend fühlst?* Wenn man aufklappte, war da zu lesen: *Mir auch nicht!*

Kommentar unserer Tageszeitung zum Rauswurf eines für fernöstliche Übungen bekannten Fußball-Trainers wegen nachhaltigen Misserfolgs: *Das wäre jetzt geklärt. Nicht der Weg ist das Ziel, sondern das Tor!*

Tja, so kann es dann auch gehen.

Große Räder

Oktober 2012

Ist man dann mit zu großen Schuhen besser unterwegs?

Große Räder drehen! Dabei steigt manchem ein Leuchten in die Augen, als stünde er für einen Nobelpreis an. Seltsam diese Sehnsucht nach Größe. Oder ist es ein Fluchtversuch in die Kategorie „To big to fail"? Bei den Dinos hat es allerdings nicht geklappt. Größe kann kaum das entscheidende Überlebensprinzip der Evolution sein.

Aus psychologischer Sicht kann man Organisationen als Erweiterungen des Ichs betrachten. Sie verkörpern, was das Ich sein will, zu bewirken sucht bzw. worin es aufgehoben sein und sich bewegen möchte.

Dazu fällt mir eine Science-Fiction-Geschichte ein: Auf einem fremden Planeten hatten Menschen Riesen-Menschen-Roboter gebaut, um ihre Körperfunktionen auf die Größenordnungen dieser überdimensionalen Welt anzupassen. Diese „Menschenroboter" waren dadurch zu steuern, dass sich die Menschen darin in einem elektronischen Anzug entsprechend bewegten. So wurde ihre persönliche Bewegung auf den Roboter übertragen. Sie lernten so auch, ihr Selbstgefühl in diese Selbstvergrößerung einzupassen. Dass man maschinelle Hilfs-Ich-Funktionen als eigen erleben kann, kennt jeder z.B. aus dem eigenen Verhältnis zum Handy oder zum Auto.

Was trägt dazu bei, dass Professionelle sich, ihre Organisationen und ihre mögliche Wirksamkeit dort falsch einschätzen? Eine Melange aus Ambitionen, Versagensangst,

Unerfahrenheit und magischen Vorstellungen, wie etwas gelingen kann? Fehlen Erfahrung, Bereitschaft und Kompetenz, um Voraussetzungen, Ressourcen, Verantwortlichkeiten und tatsächliche Fortschritte zu prüfen? Sind Zweifel tabuisiert oder kann zwischen Zuversicht und Illusion schlecht unterschieden werden? Oder hofft man, dass Engagement und Selbstaufopferung Wunder bewirken können? Ist man erst einmal mitten drin, ist Umkehr schwer. Man bleibt mit dem Fuß auf dem Gas, um durch den Morast zu kommen, auch wenn dieser immer tiefer wird und der eingeschlagene Weg nicht stimmt.

Meist stößt man auf erhebliche Empfindlichkeiten, wenn man zum Reifegrad von Professionellen und Organisationen eigentlich vernünftige Fragen stellt: Sind die Voraussetzungen, dieses Rad zu drehen, überhaupt gegeben? Sind die Ressourcen verfügbar? Bestehen Chancen, fehlendes Können in den gestaltbaren Lernprozessen rechtzeitig zu ergänzen? Dies gilt für den Einzelnen und seine Rolle in der Organisation wie auch für die Organisation als Ganze. Paradoxerweise sind oft Illusionen und Ansprüche umso größer, je weniger Voraussetzungen tatsächlich gegeben sind. Müsste man nicht neu justieren und für einen realistischen Weg neu Fuß fassen? Erst kompetente Bescheidenheit setzt das Mögliche frei. Mit Flucht in Größe und Selbstüberschätzung ist das nicht zu machen. Doch wie davon lassen?

Warum machen sich erwachsene Menschen größer als sie sind? Namedropping, obwohl man die Erwähnten nicht wirklich kennt, das Buch nicht gelesen, am Erfolg nicht wirklich mitgewirkt hat. Hochglanzprospekte und Glamourbezeichnungen für schlichte Dinge. Eine GmbH in Toplage, Ausstattung vom Feinsten, wo eine Freiberufler-Kooperation und ein Gebrauchtwagen auch gereicht hätten. Mehr Aufblähung als Größe.

Imponiergehabe?
Chancen oder Macht beanspruchen, andere unterordnen oder benutzen wollen? Den besseren Part oder Partner abbekommen wollen? Möglichen Feinden den Schneid abkaufen? Vieles ist denkbar. Mag durchaus auch funktionieren.

Kompensation?
Haben wir nicht erreicht, was wir sein sollen oder vertrauen wir nicht darauf, dass zählt was ist? Wollen wir uns vor Minderwertigkeit schützen? An welche Selbstbilder, welche Effekte hängen wir unseren Selbstwert? Wen meinen wir beeindrucken zu müssen?

Bedenken wir die Rückseiten der Medaillen?
Das Büro in Toplage muss verdient werden. Nicht wenige bleiben gerade deshalb Kleinverdiener. Helfen Zusammenschlüsse, wenn schon die Einzelnen nicht wirklich für sich stehen können?

Wenn wir chronisch mehr vorgeben, als wir ausfüllen können, setzen wir uns ewig unter Stress. Das führt zu Versagensangst und oft genug dazu, dass wir tatsächlich unter Niveau bleiben. Und wir sind nicht stimmig mit dem, was wir wirklich sind und sein können. Nicht für uns und nicht für andere. Dann erleben wir vielleicht tatsächlich Beschämung und flüchten uns wieder in beanspruchte Größe.

Am Ende weiß man Ursachen und Wirkungen nicht mehr zu unterscheiden. Ob mehr Unglück in der Geschichte auf Selbstüberschätzung oder auf Selbstunterschätzung zurückzuführen ist, wage ich nicht zu beurteilen. Hilfreich wäre allemal, wenn wir freimütig, konstruktiv und kritisch darüber reden lernten.

Kraft schöpfen

Dezember 2014

Ein Segen, wenn man sich immer wieder neu in den Fluss stürzen mag. Ein Fluch, wenn man uferlos darin treibt.

Zurzeit sind viele krank, besonders langwierige Infekte. Zufall?

Oder sind sie wegen Erschöpfung kaum mehr widerstandsfähig? Auch oder gerade junge Leute kommen mit dem, was auf ihrer Agenda steht, kräftemäßig nicht rum.

Verallgemeinernd ist schon seit einiger Zeit von der erschöpften Gesellschaft die Rede[25]. Aber was ist an ihr eigentlich so erschöpfend? Harte Lebensbedingungen hatten weiß Gott schon unzählige Menschen. Wahrscheinlich deutlich härter als wir hierzulande und heute. Nach einem solchen „harten Leben" waren viele dann auch „verbraucht". Fitte Alte waren wohl eher die Ausnahme. Aber waren sie unterwegs schon so erschöpft? Viele beschreiben ihr eigentlich privilegiertes Leben als ständiges Rudern gegen einen Sog der Erschöpfung. Das Ausmaß an notwendiger Arbeit für hinreichend gute Lebensbedingungen kann kaum als Ursache herhalten.

Mut zum Verzicht? Ja! Man kann das ja allen erklären. Sie sollen es ja nicht in den falschen Hals bekommen. Ich habe in meiner letzten Geburtstagseinladung lapidar geschrieben: *Bitte keine Geschenke. Sie bereiten mir nur Stress, weil*

---

[25] Stephan Grünewald: Die erschöpfte Gesellschaft. Warum Deutschland neu träumen muss, Campus Verlag 2013.

ich nicht die Kraft habe, seelenvoll damit umzugehen. Alle haben sich daran gehalten.

Kürzlich wurde ich zu einer Art Kamingespräch zu jungen Leuten eingeladen. Und was wollten sie wissen? *Was machst Du, dass Du bei Kräften bleibst, dich immer wieder in Deinem Engagement erneuern kannst?*

Ich antwortete etwas perplex: *Ich schlafe viel und gern. Dadurch werde ich wieder schöpferisch und empfänglich. Und ich begrenze die Dinge, die ich in der Mache habe.* Denn wirklich stressen tut mich nicht das Engagement, sondern wenn ich nicht nachkomme oder alles nur noch oberflächlich durchziehe. Ich muss **im Engagement sein** können. Schon seit Jahren begrenze ich auch meine Verfügbarkeit, Menschen zu begegnen auf das Maß, bei dem ich mich ihnen auch wirklich zuwenden kann. Lieber wenig und kurz, aber mit voller Aufmerksamkeit. Oder eben auch gar nicht und das offen und ehrlich. Oder verpasst man dann was?

War es anlässlich des Todes von Ralph Giordano[26], dass ich folgenden Spruch las? *Ich rechne es mir als Leistung an, dass es mir gelungen ist, nicht zynisch zu werden.* Und zynisch werden ist nicht schwer angesichts der Zustände in der Menschenwelt. Doch: War es nicht immer schon die Aufgabe, auch angesichts apokalyptischer Gefahren dennoch Lebensfreude zu pflegen? Dies geht kaum ohne zu lernen, seine Kräfte realistisch zu verausgaben und nach seiner Art neue Kraft zu schöpfen!

---

[26] Ralph Giordano (* 20. März 1923 in Hamburg; † 10. Dezember 2014 in Köln), deutscher Journalist, Publizist, Schriftsteller und Regisseur.

Gutmenschen

Mai 2008

Brauchen wir Gutmenschen? Sicher keine nur naiven, die glauben, allein durch ihre meditativ erworbenen good vibrations unsere Gesellschaft heilen zu können. Unsere Probleme haben andere Dimensionen.

Also, wer soll dann helfen? Die Cleveren, die Coolen? Die, die immer noch fast ungehindert die Regenwälder industriell abholzen, die Neureichen in Russland oder andernorts, die in Nobelhotels, bei Kamelrennen oder beim Dahinschweben in Luxuslimousinen ihr Selbstgefühl pflegen? Die Profiteure und die Zynischen oder die Verblendeten, die immer noch glauben, dass man Geld essen kann? Warum sollte man auch die Auto-Exportmöglichkeiten nach China auslassen? Vielleicht, weil man bei einer Ausstattung wie in den USA im Jahre 2050 dann dort für Asphalt so viel Fläche braucht wie heute für Reisfelder?

Ich weiß, wenn wir es nicht tun, tun es die anderen. Ich habe ja auch keine Lösung und tue auch weiterhin, was ich halt kann und lebe, so gut es geht. Doch ich lasse mich schon aufrütteln durch Dokumentarfilme, wie sie immer häufiger über die Mattscheibe flimmern. Denn ehrlich: Ich will gerne ein guter Mensch sein. Keiner, der die Verderbtheit anderer braucht, um sich zu erheben, aber einer, der sich an Grundwerten humanen Lebens und Überlebens orientiert, der diese als Maßstab seines eigenen Lebens und seines Beitrags zur Zivilisation wach hält, der versucht dem eigenen Leben humane Qualitäten zu geben und der dabei bewusste Kompromisse eingeht. Und das, obwohl ich nicht immer weiß, warum die Menschheit überleben soll, wenn ich so um mich blicke.

Brauchen wir Gutmenschen? Solche Gutmenschen, ja bitte!

Des Kaisers Kleider

März 2011

„Man braucht doch kein Feuerwerk, um ein Herdfeuer zu entfa-
chen!"

Das entfuhr mir spontan, nachdem ich die Einladung
eines Konzerns näher geprüft hatte. Uns war die Mitwir-
kung an einem „strategischen Projekt" angeboten worden.
Ein „größeres Rad" sollte gedreht werden. Wir wären in
guter Gesellschaft. Mit Professoren internationaler Uni-
versitäten und renommierten Beratern wären bereits Ge-
spräche geführt worden. Eine beeindruckende Präsentati-
on sei geplant. Man wolle gleich mit Schwung und breit-
flächig loslegen, durch einen beeindruckenden Kick off in
Cambridge Markierungen setzen.

Nachdem ich die aufwändig produzierten Charts hin-
terfragt hatte, fand ich, dass da kleine Brötchen zu backen
wären, eigentlich solide handwerkliche Entwicklungsarbeit. Vielleicht nicht einmal ein Projekt, eher die intelligen-
te Weiterentwicklung vorhandener Regel-Prozesse. Bedeutsam, aber nicht Aufsehen erregend. Wozu man dafür
prominente Professoren braucht, erschloss sich mir nicht.
Sollten da Sterne-Köche zusammengetrommelt werden,
um ein Schau-Kochen zu veranstalten? Eine Versuchung.
Geld wäre da. Und wer sieht sich nicht gerne in illustrer
Gesellschaft. Auch der Konzern hat einen Namen. Man
könnte ja mal abwarten. Vielleicht wird wirklich etwas
daraus. Dann wäre man natürlich gerne dabei.

Natürlich klingt „Synergieeffekte" toll. Doch gerade
„Hochkaräter" bringen ihre eigenen Wirklichkeitsvorstel-

lungen mit und wollen diesen auch zu Geltung verhelfen. Da ergibt eben 1+1+1+1 meist nicht 7 und wahrscheinlich auch nicht 4, sondern deutlich weniger, manchmal nicht einmal 1. Oft bloß babylonische Verwirrung der Ansätze. Man kann auch mit erlesenen Zutaten ein missratenes Menü zusammenstellen. Ich mag es lieber einfach, aber wirklich gut zubereitet. Synergien müssen auch erst erarbeitet werden und das lohnt sich nur, wenn dafür wirklich Bedarf, Motivation, Verantwortlichkeiten und Ressourcen vorhanden sind.

Die Bühne sollte vorab bereitet werden. Intendantenverantwortung, Regiequalitäten, Kompetenzen für das Schreiben sinnvoller Drehbücher sind gefragt, bevor man Primadonnen auf die Bühne holt. Doch stoße ich öfter auf die Ansicht, dass das nicht nötig ist, wenn man die Besten engagiert. Falsch! Gerade die Besten brauchen nicht keine, sondern beste Führung!

Ich beschränke mich also darauf, uns für eine überschaubare und machbare Lösung anzubieten. Umsichtig Feuer machen, zunächst mit Spänen und Kleinholz. Wenn damit ein tauglicher Herd betrieben werden kann, kann das ausgebaut werden. Nachschub an Brennmaterial müsste gesichert sein. Ein internationales Symposion könnte man dann machen, wenn wirklich etwas vorzuzeigen ist. Ein solcher Ansatz würde also nicht viel Staub aufwirbeln, aber auch wenig kosten, außer Engagement, Umsicht und solider Alltagsarbeit der Verantwortlichen. Dafür kämen vermutlich Lösungen zustande, die in diesem Unternehmen realistisch sind, Chancen haben, nachhaltig im Tagesgeschäft übernommen zu werden.

Ich wurde freundlich verabschiedet. Dann war Funkstille. Es reichte nicht einmal zu verbindlicher Kommunikation. Wie ich später höre, ist auch dieses Vorhaben in der Versenkung verschwunden. Wird dort immer so gearbeitet? Wie ich höre, sind die Mitarbeiter in diesem Unternehmen häufig rettungslos überbelastet. Womit? Damit?

Bodenpflege

Januar 2013

Weltweit wird Ackerboden geschädigt. Ist das ein Sinnbild für die verbreitete Selbstverständlichkeit von Ausbeutungswirtschaft? So etwa töten Agrarkonzerne Ackerflächen Mexikos zunächst mit Herbiziden ab, um dann „ungestört" Gensoja anzupflanzen. Das geht 3 Jahre, dann ist der Boden erschöpft. Die Boden-Plünderer ziehen weiter. Doch nicht genug des Zynismus: Die Saatgutherstellung rundum kann nicht gegen die Geninformation abgeschirmt werden. Und die Bauern laufen deshalb Gefahr, auf ihr eigenes Saatgut für Lizenzgebühren in Anspruch genommen zu werden. Die dortige Politik kann oder will solchem Treiben offenbar nichts entgegensetzen.

Ackerlandkolonialismus ist Mode - z.B. in Äthiopien. Doch mal anders herum draufgeschaut: Dort können indische Agrarunternehmen Böden so kultivieren, dass darauf nachhaltig Bio-Gemüse angebaut werden kann. Allerdings ausschließlich für den Export und nicht für die auf den Plantagen arbeitenden Schwarzen. Vorher weideten auf dieser Erde nur ein paar Ziegen und Menschen litten Hunger. Warum konnten diese Völker ihre Ressourcen nicht selbst nutzen? Fehlt da Zivilisation? Wie kam es dazu? Was kann dagegen unternommen werden? Wo gibt es weltwirtschaftlich bedeutsame Entwicklungs-Zusammenarbeit, die nicht vorrangig vom Ausbeutungs- und Machtwillen getrieben ist?

Stolz wird im Fernsehen gezeigt, dass Tomatenproduktion in Spanien ohne Mutterboden auskommt. Nährlösungen reichen. Alles sauber und berechenbar. Ist das die

Zukunft? „Der Mensch produziert nach Angaben der Vereinten Nationen pro Minute 23 Hektar Wüste." „Die Folgen der Vernichtung fruchtbarer Böden seien Hunger, Wassermangel und Armut, sagte Klaus Töpfer."[27] Gesunder Boden enthält pro Hektar bis zu 25 Tonnen Mikroorganismen, die pro Jahr bis zu 15 Tonnen Humus produzieren.[28] Kein Wunder, das man von Mutterboden spricht. *Vor einigen Jahren hatte ich einen Traum. Ich sehe mich neu geboren in einer vom Pflug frisch aufgeworfenen Furche liegen. Ich wundere mich darüber, bin aber ganz ruhig.*

Wir machen uns die Erde untertan. Wie die ursprünglichen Bewohner der Osterinseln: Sie sollen mit dem Fällen aller Palmen ihren Niedergang besiegelt haben. Als das Ökosystem mit Verzögerung kippte, war nichts mehr zu retten. Jetzt hat die Menschheit die Mittel, dieses Experiment in globalem Maßstab zu wiederholen. Manche Forscher meinen, wir sind schon munter dabei.[29] Wir müssen lernen, jetzt oder nie!

Wie jeder habe auch ich Probleme, die Richtigkeit und Bedeutung solcher Berichte, Prognosen und Meinungen einzuschätzen. Also besser Klappe halten? Man will sich nicht blamieren, auch nicht mit Weltuntergangspredigten. Und auch Kassandra[30] hat nicht gerade viel bewirkt, nicht mal für sich selbst. Und es gibt ja Berichte von wirklich

---

[27] Aus: Märkische Onlinezeitung vom 05.12.2011 „Experten: Menschen vernichten immer mehr fruchtbaren Boden".

[28] Dieter Engelmann: Lebendiger Boden, in: Planet Wissen, Stand Juni 2016.

[29] Forscher: Die Menschheit könnte in 100 Jahren aussterben, in: Die Presse.com vom 21.06.2010.

[30] Kassandra (altgriechisch Κασσάνδρα, manchmal auch Κασάνδρα, lat. Cassandra) ist in der griechischen Mythologie die Tochter des trojanischen Königs Priamos und der Hekabe, damit Schwester von Hektor, Polyxena, Paris und Troilos sowie Zwillingsschwester von Helenos.

beeindruckendem Engagement. So sah ich dieser Tage etwa einen Bericht über Douglas Tomkins, der sich Großgrundbesitz zum Erhalt der Natur in Südamerika zum Lebensinhalt gemacht hat.[31]

Können wir uns also zurücklehnen und zusehen, wie es in diesen großen Dimensionen ausgeht? Kaum. Denn wenige Talentierte und Berufene allein mit noch so viel Macht und Geld können Menschheitskultur nicht ins Positive wenden. Die Politiker allein werden es auch nicht richten. Und die Märkte ohne ethische Rahmensetzung auch nicht. Jeder ist gefragt. Mir geht es um Einstellungen unseren eigenen unmittelbaren Umwelten gegenüber. Um Beachtenswertes und Machbares, um die Banalität des Guten. Es geht um die Milieus, die wir pflegen könnten. Um tägliche Fragen: Schone und pflege ich genügend die Ressourcen, von denen ich und andere leben? Pflege ich z.B. den Mitarbeiter, dessen Leistung ich in Anspruch nehme? Stimmt Geben und Nehmen, wenn ich wirklich alles hineinrechne? Wer bezahlt für einen Vorteil, den ich mir verschaffe? Wie schaffe ich Ausgleich, wenn ich von Ausbeutung profitiere? Trage ich aktiv zu einer Kultur der Chancen- und Verteilungsgerechtigkeit bei? Pflege ich ein Arbeitsklima, in dem gute Leistung wächst und in dem sich leben lässt? Pflege ich die Datenbank, den Methodenpool, das Netzwerk, die Beziehungen, die ich nutzen möchte? Findet ehrlicher Austausch statt oder haben wir uns mit einer Kultur wechselseitiger Ausbeutung arrangiert?[32] Wie steht es um die Selbstachtung der Beteiligten? Warte ich, wofür man mich zur Rechenschaft zieht? Oder sehe ich Klärungen als Holschuld?

---

[31] B.A.U.M. (Bundesdeutsche Arbeitskreis für Umweltbewusstes Management e.V.)
[32] B. Schmid u. A. Messmer (2004): Auf dem Weg zu einer Verantwortungskultur im Unternehmen (Schriften Nr.068).

Kolonialismus? Das ist doch Vergangenheit. Dachte ich lange. Doch je älter ich werde und je mehr ich es mich etwas angehen lasse, desto betroffener macht mich, in welchem Maße unsere heutige Wirtschaft immer noch vom **Prinzip Ausbeutung** durchdrungen ist. Alles andere rechnet sich nicht? In welchen Währungen wird gerechnet? *„Der Lohn moralischen Handelns wird in Würde ausbezahlt"*[33] Missbrauch und Ausbeutung sind menschenunwürdig. Hier etwas zu tun fängt nicht erst im Großen an. Auch im Kleinen und Alltäglichen können inhumane Prinzipien entdeckt und überwunden werden. Warum nicht dieser Tage?

---

[33] aus: B. Schmid: „Originalton. Sprüche aus dem isb Wiesloch", S. 35.

Bedenkenträger

November 2008

"In die Ecke, Besen, Besen, sei's gewesen!". Leider funktioniert das mit den meisten "Wirklichkeitsgeistern", die wir heraufbeschworen haben, nicht. Natürlich haben wir sie beschworen, weil sie uns hilfreich waren, Erlösung von mancher Mühsal und von Bedrängnis bringen sollten. Doch sie haben ihre Eigengesetzlichkeiten und ihre zerstörerischen Folgen etabliert, und wir suchen nach der Beschwörungsformel, diese Eigengesetzlichkeiten wieder außer Kraft zu setzen.

Sowohl unternehmenspolitisch, umwelt- oder sozialpolitisch betrachtet scheinen die Probleme täglich zuzunehmen, die Wirkungszusammenhänge komplexer zu werden. Der Versuch des Einzelnen oder einzelner Gruppierungen einzugreifen, scheint immer undurchschaubarer aufgeschluckt zu werden von den so genannten Wirkkräften des Systems, zu dem wir selbst gehören. Diese gefühlte Vergeblichkeit bei der Lösung grundsätzlicher Fragen motiviert die einen, immer ausschließlicher ihr Augenmerk auf die Verstrickungen zu richten und katastrophale Entwicklungen (AIDS, Waldsterben, Umweltverschmutzung, Welthunger und atomare Zerstörung) immer heftiger und ausschließlicher ins Zentrum der Aufmerksamkeit zu rücken. Andere suchen Zuflucht in oft blind anmutendem Optimismus und Fortschrittsglauben bzw. euphorischer Konzentration auf Machbares ohne Prüfung auf dessen wirklichen Gehalt. Die Gefahr der einen ist die, in Depression zu versinken, während die anderen in der aktiven Form der Depression, nämlich der Manie oder Euphorie, zu verharren versuchen. Je abgehobener Euphorie von tatsächlicher Lebendigkeit und Verbundenheit mit allen Aspekten des Lebens ist, desto größer wird die Angst vor dem Absturz, desto mehr versucht man, durch Gas geben genügend (immer dünner werdende) Luft unter die Flügel zu kriegen. Dies geschieht, auch wenn abzusehen ist, dass der Treibstoff dabei ausgeht, die langfristigen Ziele vermutlich nicht erreichbar sind und die größten Probleme dieser Reise im Grunde darin bestehen, wieder heil auf den Boden zu kommen.

Die Unternehmens- oder gesellschaftspolitische Vorgehensweise erinnert mich oft an die Erzählung über eine Busfahrt in Südamerika über einen lebensgefährlich steilen Bergweg, für den der Bus schlecht ausgerüstet war. Während die Männer vorne den Fahrer zu immer neuem „Mut" anfeuerten, saßen die Frauen hinten angstvoll beisammen und beteten. Diese polarisierte Verteilung der Haltungen zu einer gefährlichen, wenn auch spannenden und vielleicht sogar unvermeidbaren Unternehmung sind auch in Unternehmen anzutreffen. Dabei können die einseitigen Reaktionen zeitlich verteilt sein. Zum Start eines großen Projektes werden Bedenken und Anbindungen an reale Machbarkeiten und Berücksichtigung der Eigengesetzlichkeiten der vorhandenen Bedingungen niedergehalten. Jeder wird auf die unbedingte positive Zukunftserwartung unter Vernachlässigung der Skepsis eingeschworen. Dann, nach einiger Zeit des Projektablaufs, wenn abzusehen ist, dass das Ganze nicht wie beabsichtigt funktioniert und mit Schwierigkeiten und Widerständen behaftet ist, schlägt die Stimmung von blindem Weitermachenwollen in Skepsis, Depression und Schuldzuweisung möglichst an irgendwelche Sündenböcke um. Die Euphorischen kippen in Resignation, manchmal in Zynismus. Und weil dies als unlebendig, wenig dynamisch gilt, sucht man alsbald ein neues Selbstverständnis und

Ziel, an dem der Zyklus wieder von neuem begonnen werden kann.

Es kann aber auch sein, dass die Rollenverteilung gleichzeitig auftritt. Die einen vertreten den Fortschrittsglauben und andere den Skeptizismus. Jeder stabilisiert den anderen in seiner gegenläufigen Einseitigkeit, indem er, um der Balance willen, die eigene Position überzieht. Eine andere Verteilung der verschiedenen Aspekte zeigt sich in einem „Bühnen-Splitting". Führungskräfte, die sich auf beruflichen Bühnen Fortschrittsglauben und Dynamik verpflichtet sehen, zeigen abends beim Bier ihre Bedenken, ob der richtige Weg eingeschlagen ist. Es kommt ihnen nicht, diese Bedenken in offizieller Runde einzubringen, weil die herrschende Norm verlangt, Zweifel, die nicht durch baldige Maßnahmen auszuräumen sind, außen vor zu lassen. Oder sie wagen nicht, mit Hemmschuhen im Räderwerk des Zuges zu agieren, auch dann nicht, wenn sie fürchten, dass dieser in einen Abgrund fährt.

Zweifel haben, wenn sie maßvoll gelebt werden, die positive Funktion, wachsam zu bleiben und eine Sache nicht blind voranzutreiben. Hemmungslose Zweifel zerstören Ansätze, überhaupt etwas zu wagen und in die Wege zu leiten, und führen zum Ver-Zweifeln. Insofern ist es verständlich, dass diejenigen, die etwas anpacken wollen und dafür einen Startschub bei sich und anderen brauchen, Zweifler als lästig erleben. Umgekehrt tragen aber gerade jene, die Zweifel nicht frühzeitig benutzen, um während eines dynamischen Vorgehens auch Zielrichtung und Vorgehensweise zu bedenken, dazu bei, dass der Zweifel zur Spezialdisziplin einiger Personen oder gesellschaftlicher Gruppen wird, die dann als ewige Neinsager ausgegrenzt werden.

Die notwendige Integration von Bedenken erfolgt oft erst sehr viel später, oft zu spät. Dann wird totgeschwiegen, wie sehr man schon hätte frühzeitig von den Bedenken profitieren können. Entweder sind die eingetretenen Umstände des Umdenkens angeblich überraschend, unabsehbar gewesen und zwingend, oder man hat schon immer auch die Bedenken gehabt und pachtet rückwirkend in der offiziellen und persönlichen Geschichtsschreibung die Wahrheit von denen, die um ihren aufreibenden Einsatz als Zweifler betrogen werden. Das gute Argument, die Pacht nicht bezahlen zu müssen, entsteht dadurch, dass die Aspekte des Zweifelns als einseitig, übertrieben dargestellt werden. Dabei wird übersehen, wie man selbst durch einseitige Besetzung des Gegenpols genau diese Polarisierung mit bewirkt hat.

Ein guter Innovator kann große Energien freisetzen und dabei wachsam bleiben für seine Zweifel und die Bedenken anderer, die seine Arbeit begleiten.

Gründergeist

November 2015

Mit dem Gründergeist ist es in Deutschland nicht weit her,
lese ich in der Wirtschaftswoche[34]. In dem Beitrag wird
mehr darauf abgehoben, dass Gründer in Deutschland
durch äußere Hemmnisse wie Bürokratie, zu hohe Kosten
und mangelnde Unterstützung im sozialen Umfeld behin-
dert werden. Mag sein. Vielleicht braucht es in unserer
weit entwickelten Gesellschaft auch mehr als andernorts,
um über das Gängige oder Oberflächliche hinaus zu
kommen. Da würde mich doch differenzierter interessieren, welche Art von Gründungen hier die Zahlen füttern.
Dass viele Gründer lieber woanders gründen, hat vielleicht damit zu tun, dass woanders leichter in Experimente, oft aber auch in Gambling investiert wird. Dass Pleiten
zum erfolgreichen Unternehmertum gehören wie der
Schmiss zum Korpsstudenten, wird öfter propagiert, ist
mir aber suspekt, insbesondere, wenn ich bedenke, wer
die Zeche dafür bezahlt. Ich vermute da feudalistische
Selbstverklärung.

Als Störfaktoren für erfolgreiches Gründertum würde
ich eher wohlfeile Meinungen (durchaus auch modische)
nennen und unreflektierte Gewohnheiten. Solche zu bedienen, wird man überall eingeladen. Sie versprechen
kurzfristig Erfolg und bieten Zugehörigkeit, führen aber
oft tiefer in persönliche und gesellschaftliche Sackgassen.
Beim wirklich fortschrittlichen Gründen muss man neue,
eigene Wege gehen. Diese können zunächst oder auch
länger steinige Pfade sein. Und nicht jede gute Initiative

---

[34] „Mit dem Gründergeist ist es nicht weit her", in: Wirtschaftswoche
vom 18.11.2015.

passt in Zeit und Kontext. *„Auch wer zu früh kommt, den bestraft das Leben!"* Gleichzeitig scheint mir wichtig zu realisieren, dass Gründerkompetenz eher selten ist. Vielleicht wäre das kein Problem, wenn wir darauf unsere Ansprüche an Fortschritt und unseren Ehrgeiz einstellen würden. Ob und inwieweit sich die Situation durch Förderprogramme wesentlich verbessern lässt, wage ich nicht zu beurteilen. Nicht alles ist lernbar. Allerdings kann man bekannte Fehler vermeiden.[35]

Mehr und mehr suchen auch wir im größeren Umfeld Menschen und Gruppierungen mit unternehmerischer Kompetenz, mit denen wir gemeinsam neue Bühnen bauen können. Es gibt viele begabte Schauspieler, aber wenige, die aus Ideen auch Plots (wie es im Theater heißt) und womöglich aufführbare Skripte machen, die Bühnen bereiten, dafür Intendanten-Funktion wahrnehmen, Theater betreiben und Schritt für Schritt neuen Performances einen nachhaltigen Rahmen geben können und wollen.

Vielleicht haben wir für Vieles auch falsche Vorstellungen im Kopf. Die aufschießenden Entwicklungen im Internet, vornehmlich im Handel oder bei damit verbundenen Dienstleitungen, verwirren eher die Maßstäbe. Für die meisten anderen Unternehmungen braucht man Unverdrossenheit, einen langen Atem, muss bereit sein, sich und vieles andere in den Dienst der Sache und ihrer organischen Entwicklung zu stellen. Neues braucht oft enormen Anschub, weit mehr und nachhaltiger als sich das ein kreativer Geist vorstellt. Immer wieder rufe ich Erstaunen hervor, wenn ich als Faustregel für jede bedeutendere nachhaltige Entwicklung 7 Jahre veranschlage. Währenddessen müssen über die Erstbegeisterung hinaus Mitstrei-

---

[35] B. Schmid (2010): Vom Freiberufler zum Unternehmer (Schriften Nr. 334)

ter und Partner auf Kurs gehalten und immer wieder neu inspiriert werden. Einladungen, durch Verwässerungen aller Art diese Anstrengung abzumildern, kommen dauernd auf einen zu. Manchmal endlos erscheinendes Unverständnis und Desinteresse, aber auch folgenlose Begeisterung im Feld müssen überwunden werden. Schwer zu unterscheiden, was sinnvolle Kompromisse zugunsten von Passung wären und wo man sich unglücklich korrumpiert. Und das alles gegen die Konkurrenz der glamourösen Kickoffs und Kampagnen, mit denen andere mit oft schlichten, aber verführerischen Ideen öffentlichkeitswirksam auftreten.

Wir brauchen solide und qualifizierte Foren, in denen Gründer- und Unternehmer-Talente einerseits realistische Spiegelung, andererseits aber auch Ermutigung erhalten können. Wer welche Wege von seiner Ausstattung und Bestimmung her wirklich gehen kann, ist nicht leicht zu erkennen. Oft werden ungewöhnliche Begabungen ausgebremst, weil sie noch schräg daherkommen und deshalb ihr Potential nicht leicht auszumachen ist. Oder sie bekommen mit rigiden Erwartungen, vielleicht auch mit Neiddynamik im Hintergrund zu tun. Wenig hilfreich sind auch die Messlatten der Begeisterungs-Junkies, die von Idee zu Idee taumeln, aber nie etwas in wirklichen und nachhaltigen Gebrauch umsetzen.

Es gibt in vielen Feldern enorme Kompetenz und Engagement. Und doch bleibt so vieles Stückwerk, bleiben Initiativen und Aktivitäten oft in Egoismen hängen. Wenn da Veranstalter „aus dem Nähkästchen plaudern", welche Haltungen und Machenschaften bei Leitfiguren unserer Zunft hinter den Kulissen zu Tage treten, kann man schon vom Glauben abfallen. Wasser predigen und Wein trinken – das alte Problem. Je älter ich werde, desto mehr wird das im "Beobachtungsschatten" Gelebte dafür entscheidend, ob ich auf jemanden hören will. Ich weiß, dass das etwas moralingetränkt ist. Großes wurde auch von Menschen vertreten und geschaffen, die man nicht um sich haben möchte. Viel Licht und viel Schatten sollen ja zusammengehören. Aber meine persönlichen Beziehungsentscheidungen treffe ich doch nach Glaubwürdigkeit.

Unternehmertum im Blut?

April 2010

Ich bin seit annähernd 40 Jahren freiberuflich tätig. Die wenigen Male, in denen ich mich auch in einer Festanstellung versucht habe, gingen gut, solange ich eigene Ideen recht freizügig verfolgen konnte, z.B. als Leiter von volkswirtschaftlichen Tutorenprogrammen an der Uni Mannheim, in der Gründungsphase der heutigen Fachhochschule der Bundesanstalt für Arbeit oder schließlich als Studentenberater der Universität Heidelberg.

Gänzlich zum Freiberufler wurde ich durch eine Sturzgeburt. Ich bat den Kanzler der Uni Heidelberg 1979 um zwei Wochen unbezahlten Urlaub. Ich wollte Milton Erickson noch erleben und hatte die Chance, an einem Seminar in Phönix/Arizona teilzunehmen[36]. Als mir dies zu meiner Verblüffung nicht gewährt wurde (man wollte unsere Psycho-Orientierung eindämmen), kündigte ich spontan.

In den Jahren danach habe ich Kollegen und Freunde immer wieder ermutigt, ihren eigenen Ideen und Berufungen zu folgen, weniger Abhängigkeiten als Freiheiten wahrzunehmen, eventuell sich selbstständig zu machen. Viele spielten auch gerne mit solchen Gedanken, beließen es aber doch bei Festanstellungen. Manche hatten sich letztlich auch bewusst für einen festen gebotenen Rahmen, für stabile soziale Beziehungen, für gesicherte finanzielle Verhältnisse und manchen Komfort durch Zugehö-

---

[36] Ein Transskript dieses Seminars ist veröffentlicht: Jeffrey K. Zeig (Hg.): Meine Stimme begleitet Sie überallhin. Ein Lehrseminar mit Milton H. Erickson, Stuttgart 2006. Ich bin darin der Siegfried.

rigkeit, für Spezialistentum ohne Gesamtverantwortung etc. entschieden. Dies überraschte mich zwar öfter, überzeugte aber irgendwie.

Mit der Zeit lernte ich, dass Menschen eben auch die richtige „Blutgruppe" für Selbstständigkeit und Unternehmertum brauchen und sich durchaus intuitiv richtig dagegen entschieden haben. Das Berufsleben als Freiberufler ist eben deutlich anders als das eines Angestellten und wem das seelisch nicht liegt, der tut gut daran, Risiken und Chancen zu wählen, die zu ihm passen. Man muss letztlich mit sich und der Welt ins Reine kommen bzw. mit seiner Wahl und dem Risiko oder dem Preis, der mit der jeweiligen Alternative verbunden ist, leben wollen und können.

Erstaunlicherweise gibt es im Feld für solche Klärungen kaum spezifische Angebote, die eine professionelle und seelische Beurteilung integrieren[37]. In den letzten Jahren habe ich immer wieder Freiberufler beraten, die gerne mehr unternehmerisch tätig werden wollten. Anlass war oft das Bedürfnis nach Nutzung der eigenen Erfahrung oder Marktposition für ein Unternehmereinkommen, das Entlastung und neue Freiheiten bieten sollte. Obwohl dies aus meiner Sicht oft durchaus Chancen gehabt hätte, haben letztlich wenige diese Entwicklung vollzogen. Warum? Ich vermute, dass die „Blutgruppe" eben nicht gestimmt hat. Werden notwendige Unternehmensentwicklung nach innen und außen oder Eignung, Einsatz, Zeit und Passion in ihrem erforderlichen Ausmaß erkennbar, erlahmen die Umsetzungsbemühungen oft. Manche wollen den Tätigkeits- und Lebensstil-Wechsel, der für sie damit verbunden wäre, nicht vollziehen.

---

[37] Am isb Wiesloch wird das etwa im „Karrierecoaching" gelehrt, weitere Informationen unter www.isb-w.eu.

In der Hoffnung, dass es doch irgendwie ginge, kamen oft seltsame Kompromisse heraus, wurden Menschen engagiert, die es richten sollten oder Partnerschaften nach dem Prinzip Hoffnung auf jeweils den anderen eingegangen, ohne genau hinzusehen, ob die nötigen Ausstattungen denn überhaupt an Bord wären. Das Misslingen solcher Kompromisse hat Geld und viele Menschen Kraft und Selbstwert gekostet. Freundschaften und berufliche Kooperationen sind daran zerbrochen. Letztlich haben Unternehmen ohne bejahtes und ausgefülltes Unternehmertum wenig Nachhaltigkeit.

Viele werden als Unternehmer auch erfolgreich. Und was kommt dann? Wer schon lange „den Karren zieht", möchte dann vielleicht das Unternehmen erhalten, aber sucht auch nach Entlastung bzw. neuem Engagement. Oft genug misslingen dann Experimente bezüglich Übergabe und Nachfolge mit Schäden aller Art. Die meisten realisieren erst dann, wie viel Vorbereitung, Engagement und Sorgfalt solche Umstellungen erfordern.[38] Fast jeder kennt Beispiele aus dem eigenen Umfeld. Es schmerzt zu erleben, wie viel in dieser Phase wieder verspielt wird.

Kompetenzen und Lebensvollzüge, die jenseits des persönlichen Unternehmertums oft angestrebt werden, könnte man unter dem Begriff „Investor" fassen. Richtig positioniert will und muss er selbst den Karren kaum ziehen. Wie ein Magnet initiiert und stabilisiert er ein Kraftfeld, in dem sich Engagement anderer entwickeln kann, bietet Ideen, Autorität und Vertrauen, damit sich Dinge und Menschen miteinander verbinden. Ein Investor braucht Kompetenzen und Ressourcen aller Art, aber noch mehr das Urteilsvermögen, wie Ressourcen und

---

[38] mehr dazu B. Schmid und Susanne Meyer: Organisation 2.0. Plädoyer für eine durch Kultur gesteuerte Organisation (Schriften Nr. 133).

Talente zusammenzufügen sind, wer mit wem mit welchen Perspektiven zu vernetzen ist. Es braucht die Passion, nicht in erster Linie Geld zu verdienen, sondern etwas Schöpferisches und Mehrwertträchtiges entstehen zu lassen, etwas, das es so vorher nicht gab. Er braucht den Glauben anderer Leistungsträger in seine Integrität, seine Feld- und Menschenkenntnis.

Soweit ein paar Stichworte, die Anstöße zum Reflektieren über sich selbst geben können. Solchen Perspektiven konzeptionell und didaktisch mehr Aufmerksamkeit zu schenken, wäre wohl für viele engagierte Professionelle ein echter Gewinn. Es ist noch viel zu tun.

Schaulaufen

März 2011

Ich kenne Unternehmen, in denen fast suchtartig jede Woche „eine andere Sau durchs Dorf getrieben wird". Wer auf diesem Jahrmarkt etwas gelten will, muss sich auf die Beteiligungen an solchen Auftrieben takten. Kein Wunder, wenn man mit dem Tagesgeschäft in die Enge kommt, die Verantwortung dafür wegschiebt. Mit der Zeit verliert man selbst die Maßstäbe für professionelle Leistung und realen wirtschaftlichen Mehrwert. Letztlich traut man sich nicht mehr, sich einer Bewertung außerhalb dieser Welten zu stellen. Es ist einfacher, weiterhin von „Politik" absorbiert zu sein. Menschliche und wirtschaftliche Vernunft geraten ins Abseits.

Würden nicht vernünftiges, sachorientiertes Vorgehen oder sorgfältige Abstimmung, eher Entwicklungen im Konkreten, die Rohrkrepierer und die Menge des dabei sinnlos verschossenen Pulvers drastisch reduzieren? Würden nicht die, die konkret und mit Augenmaß arbeiten, besser sehen und gesehen werden, wenn weniger häufig Feuerwerke blenden, Lärm und Rummel stören würden? Lärm und Aufruhr machen gehört zu den primitivsten Formen, Rang zu beanspruchen und anderen Menschen Aufmerksamkeit abzuringen. Zu oft über Medien getrieben. Je weniger zu vermitteln ist, desto intensiver die Begleitmusik und desto aufgeblähter die Sonderberichterstattungen. Erfreulicherweise gibt es auch die anderen. Die, die effektiv arbeiten und unsere Gesellschaft voranbringen, die dann Aufmerksamkeit und Rang beanspruchen, wenn etwas erreicht ist, wenn für Substantielles geworben werden soll. Ohne sie wären wir arm.

Zu den großen Lügen unserer Zeit gehört die Fiktion, dass wer unternehmerisch und strategisch relevante Ämter begleitet, dazu Kompetenzen oder wenigstens Talente hätte. Doch fallen nicht so viele auf, auf die das zuzutreffen scheint. Und ich glaube, dass es auch für die Betroffenen nicht leicht ist, sich hier um Aufrichtigkeit zu bemühen. Wie sollte man dann bestehen, wie Privilegien rechtfertigen? Da sind Ausreden und Ablenkungen aller Art willkommen und man inszeniert kollektiv Ersatzhandlungen. Ich will niemanden beschämen. Dass Kompetenzen, Talente und Ressourcen mittelmäßig oder bescheiden sind, ist nur menschlich. Richtig sympathisch wäre es, wenn dann auch die Ansprüche bescheiden wären. Dass dem oft nicht so ist, weiß jeder.

Es handelt sich aber auch nicht nur um Charakterfragen. Das Problem ist, dass man die Komplexität aufgrund solcher Fiktionen noch zusätzlich steigen lässt, sich Konglomerate schafft, die Höchstleistungen erfordern würden, aber mit vorhandenen Ressourcen nicht zu steuern sind. Und da ist kaum jemand, der sagt: Wir können diese Steuerungsherausforderungen nicht ins Gigantische treiben, die dadurch selbst gemachten Risiken nicht verantworten. Wir können das gar nicht! Das Schlimme ist, dass alle, auch die Vernünftigen und die Bescheidenen, die Rechnung bezahlen und das Ganze uns allen um die Ohren fliegen kann.

Was sollen wir dann unseren Enkeln sagen?

Whistle-Blowing

Mai 2010

In einem verrückten System sind die Regeln so etabliert, dass sich jeder zu seinem Schutz so verhält, dass das System erhalten bleibt, vor dem man sich schützen muss.[39]

Whistleblowing ist nicht immer opportun. Das musste ich schon als 19jähriger Werkstudent erfahren.

Vor meinem Studium machte ich ein Jahr Unternehmenspraktika, unter anderem in einer AG für Anlagenbau. Ich war in der Finanzbuchhaltung und im Kosten/Kalkulationswesen tätig. Dabei bemerkte ich, dass Arbeiten in erheblichem Umfang doppelt liefen. Also marschierte ich voller Engagement zum Abteilungsleiter, mit dem ich mich in gutem Einvernehmen wähnte, und meldete meine Beobachtung.

Die Folgen waren übel. Es gab Spannungen in und zwischen den beteiligten Abteilungen und ein Mitarbeiter musste sich in einen neuen Arbeitsbereich einarbeiten. Das gab mir zwar Recht, doch wurde dem Boten der unbequemen Nachricht der Kopf abgeschlagen. Ich wurde kalt gestellt (heute würde man das Mobbing nennen) und wechselte bald zur Deutschen Bank.

Diese alte Geschichte ist mir wieder eingefallen, als ich von den Entwicklungen in einem Unternehmen der Finanzbranche hörte. Es handelt sich um ein vielleicht etwas behäbiges, aber bislang solides Haus, das im Wesentlichen Produkte verkauft hatte, bei denen man den Kunden in die Augen sehen konnte. Nach außen wie nach innen

---

[39] aus B. Schmid: „Originalton. Sprüche aus dem isb Wiesloch".

hatte man Wert auf Integrität und soziales Entgegenkommen gelegt, wenn vielleicht auch um den Preis, Konfrontationen von Missbrauch zu vermeiden und über unangemessene Privilegien und Komfortzonen hinwegzusehen. Mit dieser Unternehmenskultur waren allerdings nicht Renditen zu erzielen, wie sie neuerdings für solche Bereiche propagiert wurden. Es sollte eine straffere Gangart eingeschlagen werden. Mit der Neubesetzung des Personalressorts (ausgerechnet!) war der Anfang gemacht worden.

Als Ideologie wurde nun ausgegeben, dass jeder führen sollte wie er denkt, denn wer als Führungskraft bezahlt wird, könne das auch. Und wenn nicht, „mendelt" sich das ohnehin heraus. Der neue Personalchef stornierte Führungsseminare, insbesondere eine gut eingeführte Kultur kollegialer Beratung und Seminare, in denen (immer vernehmlicher) Murren zu hören war. Feedbackauswertungen verschwanden in Schubladen, weil sie nicht den Lob- und Aufbruchsgesang wiedergaben, der nun gewünscht war. Selbst eine seit Jahren übliche Führungskulturtagung eines anderen Vorstandes wurde abgesagt. Niemand schritt ein. Einige ältere Vorstände gingen (psychisch bzw. gesundheitlich angeknackst) auf Tauchstation. Der Vorstandsvorsitzende ließ den Personalvorstand gewähren, da ja „Effizienz rein muss" und er keine bessere Idee hatte, wie dies kulturverträglich geschehen könnte.

Ein erfahrener Kollege aus der Personalentwicklung, der die erwähnte Führungsklausur eines Vorstandes hatte absagen müssen, hatte dies im Absageschreiben bedauert. Er wurde als aufmüpfig von seinem Thema Führung entbunden und auf ein Nebengleis geschoben. Gleichzeitig wurde ihm vorgehalten, dass er seine hervorragende Kompetenz nicht loyal im Sinne der Notwendigkeiten des Unternehmens einsetzen würde.

Solches geschah nicht nur in Softfaktor-Bereichen. Auch im Vertrieb konnten immer weniger Mitarbeiter hinter den neuen Produkten stehen. Dennoch wurde der Vertrieb angewiesen, sie zu verkaufen. Die Verkäufer konnten diese Produkte nicht einschätzen und wurden auf guten Glauben verwiesen. Mit der Zeit hatte sich herumgesprochen, wie fragwürdig dadurch mit dem Wohl der Kunden umgegangen wurde. Klärungswünsche wurden mit theatralischen Gesten abgeschnitten, wie auch sonst kritische Stimmen in Versammlungen als Schwarzseherei und ewige Bedenkenträgerei gebrandmarkt wurden. Wer keine Ruhe gab, dem drohte das Abseits. Da Konfrontationskultur nicht üblich war, ergab sich das System relativ wehrlos den neuen Vorgaben. Wichtige Positionen und Aufgaben gingen an Fahnenträger der neuen Zeit, die aus Naivität oder Opportunismus ihre Chance wahrnahmen. Sie waren nicht unbedingt Überzeugungstäter[40], ihr Engagement, mehr Zug in die Organisation zu bringen, war nicht vom Ansatz, jedoch aber von der Kulturverträglichkeit der Umsetzung her falsch. Doch die neuen Schlüsselfiguren waren nicht unbedingt auf die Einschätzungen derer, die nicht zum Zug gekommen sind, erpicht, auch wenn dies klug gewesen wäre.

Erfahrene suchten sich Nischen, „kuppeln aus", vermieden unerfreuliche Konfrontationen und suchten ihr Heil in Rückzug und persönlicher Optimierung. Da zum Unternehmen eine lange Tradition der gegenseitig gedeckten Komfortzonen gehörte, gab es hierfür Spielräume, die nicht so leicht zu kontrollieren waren. Daher lagen Kündigungen der Betroffenen auch zunächst nicht nahe. Dafür machten sich innere Emigration und Kritik hinter

---

[40] Mechanismen dieser Art sind beschrieben bei Hannah Arendt: Eichmann in Jerusalem. Ein Bericht von der Banalität des Bösen, Piper 1986 (15. Auflage).

vorgehaltener Hand breit. Geschäftliche Leistungsminderungen waren bei drastisch nachlassender Identifikation mit dem Unternehmen nicht verwunderlich. Verschleierungsmöglichkeiten zum Selbstschutz gab es jedoch genug. Insgesamt konnten speziell im Finanzsektor zunehmende Aushöhlungen der Substanz gut kaschiert werden. Drei Vorstände sollten in absehbarer Zeit in den Ruhestand. Bis dahin versuchten selbst hochrangige Führungskräfte zu überwintern.

Von außen betrachtet ist das Unternehmen in einer schweren Krise, und zwar in der Phase der verdeckten Desintegration[41]. Über die Unternehmensentwicklung wird in vertrauten Kreisen empört und in inoffiziellen Situationen zunehmend offen gesprochen, doch findet die kritische Diskussion noch nicht den Weg in offizielle Veranstaltungen. In dieser Phase aufzustehen und die Entwicklung anzuprangern ist schwierig, wenig aussichtsreich, und persönlich riskant, weil das System maximal auf Verdrängung setzt. Wer will da sich und noch reichliche Privilegien opfern? Selbst, wenn sich später Aufbegehren als berechtigt herausstellen wird, werden erfahrungsgemäß frühe Mahner nicht rehabilitiert. Erst, wenn das System in die Phase der offenen Desintegration driftet und in wesentlichen Wirtschaftsfaktoren Not leidet, ohne dass dies noch vertuscht oder beschönigt werden kann, bestehen wieder Chancen auf vernünftige Auseinandersetzungen. Ob dies noch rechtzeitig geschieht, bevor die Moral am Boden ist und die Regenerationskräfte verbraucht sind, ist fraglich. „Turnaround"-Hoffnungen sind da oft Illusionen. Kultur aufzubauen bedarf ohnehin längerer Entwicklung und Pflege. Erst recht sind Kulturschäden nicht

---

[41] Bernd Schmid/Arnold Messmer (2004): Phasen der Krisenentwicklung in Organisationen.

leicht und nicht schnell zu beheben, selbst wenn sich der Wind dreht. Aus Problemen werden Dilemmata[42], die eigene Lösungskompetenzen erfordern.

Und die Lösung? Habe ich für dieses Stadium leider nicht zu bieten. Vielleicht hilft dieses Whistleblowing mit, dass andere Betroffene Situationen dieser Art frühzeitig identifizieren und den Anfängen wehren. Das wäre schon was.

---

[42] Zwickmühlen & Dilemmata. Zusammenstellungen zum Thema finden Sie unter www.isb-w.eu im Bereich „Wissen".

Einspruch

Mai 2015

Da saß ich mit einem jungen Kollegen zusammen und er meinte nachdenklich: „Es ist schon seltsam, mit welchen Dienstleistungsprodukten sich erstaunlich einfach Umsatz machen lässt, obwohl ich, wenn ich ehrlich bin, nicht von ihnen überzeugt bin. Überhaupt frage ich mich, wie wir in Deutschland verglichen mit anderen ein solches Wohlstandsniveau hinkriegen, wo ich doch erstaunlich oft auf Misswirtschaft stoße."

Ich antwortete spontan: „Ich fürchte, dass es damit zu tun hat, dass wir neben unserer Tüchtigkeit, dennoch auch von globaler Ausbeutung leben. Im 2. Weltkrieg ging es der deutschen Bevölkerung lange besser als zuvor in Friedenszeiten. Von den meisten unerkannt wurde dieser zusätzliche Wohlstand durch Raubgut bestritten, das bei überfallenen Völkern erbeutet wurde. Ich fürchte da gibt es Parallelen. Und niemand von uns, der mitmischen will, kann sich davon reinwaschen."

Erstmal finde ich toll, dass ein junger Mensch sich so wenig von Einkommens- und Wichtigkeitsaufblähungen blenden lässt. Hoffentlich sind viele dieser Generation so. Ich spürte, dass meine spontanen Äußerungen ihn noch nachdenklicher machten. Und dieser ehrliche Austausch verband uns.

Oft weiß ich nicht wohin mit meinem Unbehagen, weiß ich nicht, wie meine Empörung konstruktive Bahnen finden kann. Keine Sorge, ich neige nicht zum Terrorismus. Ich habe noch nie Gewalt ausgeübt und verabscheue sie. Ich bin ein notorisch konstruktiver und „vernünftiger" Mensch. Aber ich muss doch zumindest mal kundtun, wo ich Unbehagen empfinde. Vielleicht kommt es mit anderen zum Austausch. Ich kann mich z.B. nicht über Wachstum freuen, wenn damit unsinniges Wirtschaften wächst. Wie soll ich begrüßen, dass bei uns der Binnenkonsum wächst, wenn die Menschen Unsinniges kaufen und sich dafür abrackern? Ich finde Exportrekorde peinlich, wenn dabei ausbeuterischen Eliten Nobelkarossen oder Brandstiftern Waffen verkauft werden. Mich stört die hemmungslose Ausbeutung und Umweltzerstörung in Ländern der Dritten Welt, die mit korrupter Stärkung von Regimen, denen ihr eigenes Volk offenbar schnuppe ist, einhergeht. Fehlt weltweit der politische Wille, sich Gerechtigkeitsfragen zu stellen? Ich empfinde Empörung, wenn ich höre, wie viele Hotels es überall gibt, in denen Übernachtungspreise von mehr als 1000 Euro normal zu sein scheinen, wenn ich die Jachthäfen vollgestopft mit Luxusjachten und die Parkplätze mit entsprechenden Limousinen sehe und daneben das Elend von Millionen.

Ich gönne jedem, der einen echten Mehrwert leistet, dass er einen größeren Teil des Kuchens bekommt. Doch wenn ich obszön zur Schau gestellten Reichtum erlebe, dann tauchen in mir finstere Gedanken auf, mit denen nicht so einfach konstruktiv umzugehen ist. Ich sehe diesen Luxus und frage mich: Wem wurde das alles gestohlen? Mir wird unwohl, wenn ich die Schwärmereien von Industrie 4.0 und Co höre. Klar dürfen wir Fortschritt nicht verschlafen. Doch was soll mit all den Menschen geschehen, die dann übrig sind? Toll, dass einige schwärmen, dass eine maschinengesteuerte Wirtschaft dann alle aushält. Grundeinkommen war dann gestern. Da fallen mir wieder Sciencefiction-Romane meiner Jugend ein, in denen Roboter denjenigen in solchen dekadenten Gesellschaften, die noch nicht an Langeweile gestorben sind, allen ein klägliches Ende bereiten.

Buh! Da könnte man in Furore geraten. Und das selbst bei schönem Wetter in unserem gesegneten Land. Ich selbst habe wirklich keinen Grund zur Klage, bin voller Dankbarkeit, dass ich in einer so günstigen Geschichtsepoche und so privilegiert mit reichlich Sinn- und Wirksamkeitserfahrungen leben darf. Gut auch, dass es eine ganze Reihe von erfolgreichen Unternehmern gibt, auch in unserer Region, die persönlich bodenständig bleiben und erwirtschaftetes Vermögen sowie die Ertragskraft ihrer Unternehmen für gesellschaftliche Entwicklungen zur Verfügung stellen. Ich habe den Eindruck, viele Menschen wollen neue Verhältnisse, auch viele Privilegierte, weil sie spüren, dass es so nicht gerecht zugeht. Nur ist alles leider ziemlich kompliziert. Aber einen Versuch ist es wert. Nicht nur, weil das letzte Hemd eben keine Taschen hat. Es geht auch um den Blick in den Spiegel bis dahin, und darum, wer man im Gedenken derer sein will, die nach einem kommen.

Spielräume

September 2008

Der Volksmund sagt: *Wer nicht viel hat ist arm, wer nicht viel braucht, ist reich!*

Studien sagen: Geld macht nur soweit glücklich, als dadurch das Nötige erworben werden kann. Mehr Geld macht nicht glücklicher, was ländervergleichende Studien zeigen. Und um was kann es mehr gehen als um Glück?

Sicher haben wir unterschiedliche Vorstellungen davon, was „das Nötige" ist, doch was sind wirklich originäre menschliche Bedürfnisse? Gemeinschaft gehört dazu und muss z.B. nicht viel kosten, sucht man nicht Solidarität durch Exklusivität zu ersetzen. Warum haben wir uns in eine unheilvolle Konsumsucht drängen lassen? Hat man uns weismachen können, dass es für die gesellschaftliche Stellung wichtiger ist, Edelmarken oder Schnäppchenmöglichkeiten zu kennen als Bücher, Bilder oder schöne Radwege und liebevolle Menschen? Dafür hetzen sich dann die einen Tag für Tag und müssen dann die Leere wieder mit Fragwürdigem füllen, während sich andere überflüssig und nutzlos fühlen?[43]

Dabei könnten wir ein erfülltes Leben auch mit manchem Verzicht führen und Wohlstand könnte für alle reichen, ohne dass die Ressourcen des Planeten geplündert werden

---

[43] B. Schmid (1993): Dilemmata, Ökonomie und Ökologie im Umfeld unserer Profession (Schriften Nr. 034) , Geleitwort zur Fachtagung „Lernen in Organisationen" in Wiesloch.

müssten. Viele spüren das und wären wohl zu anderem bereit. Aber wir bräuchten dafür ein anderes Wirtschaftssystem, das nicht von Blase zu Blase taumeln muss, um den Kollaps zu verhindern. Wir bräuchten ein Verständnis von Wirtschaften, das mit Herstellen von Wohlfahrt und verantwortlichem Umgang mit Ressourcen mehr zu tun hat als mit Bereicherung und Spekulanten-Mentalität. Arbeitet denn Geld wirklich? Dass man am Ende Geld nicht essen kann, müsste sich herumgesprochen haben. Geld ist wichtig als Gestaltungsmittel, nicht als Wert an sich. Und wie viel vernünftiges Wirtschaften wäre möglich, wenn alle heute aktive Intelligenz darauf konzentriert werden könnte?

Ist die chronische Finanzkrise eine Chance? Gibt es die großen Spielräume? Ich weiß es nicht. Doch die kleinen Spielräume gibt es sicher für jeden von uns.

Ein Geschäftsführer berichtete im Coaching von den Zwängen, die seine humanen Einstellungen aushebeln. Nach Spielräumen für sein Handeln gefragt, sagte er: „Spielräume gibt es schon, aber das System ist nun mal wie es ist!" Spontan entschlüpfte mir: „ Wenn alle ihre Spielräume nutzen würden, wäre das System nicht so wie es ist!" *Paul Watzlawick* nennt das die „Kettenreaktion des Guten".

Hannah Arendt sprach von der „Banalität des Bösen". Heute geraten die aus dem Blick, denen es nicht mehr reicht, wenn sich andere bevorzugt und über die Maßen bedienen. Jeder hätte gerne für sein Erspartes gute Renditen, um sich absichern zu können. Doch will das auch das Großkapital, und auch dann, wenn solche Renditen nicht vernünftig erwirtschaftet werden können. Und mehr Kapital will mehr Rendite. Ihre Erzielung wird als Maß wirt-

schaftlichen Erfolgs angesehen, auch wenn damit Real-
wirtschaften und Gesellschaften geschädigt werden.

„Banalität des Guten" bedeutet: Horizonte erweitern,
Zusammenhänge erkennen, Gewohnheiten prüfen, Spielräume ausschöpfen, Trägheit überwinden und Mut fassen,
Gestaltungsräume gemeinsam ausloten und positiv nutzen.

Stimmt schon: Irgendwie bin ich ein Moralist. Aber wir
scheinen mehr zu werden. Vielleicht haben wir eine Chance.

Luxus

Mai 2012

Eine irgendwo aufgelesene Geschichte:

Ein Adliger lädt den Abt eines Klosters an seine Tafel, da dieser vom guten Leben wissen soll. Der Adlige möchte gerne daran teilhaben, kann er doch eine empfundene Leere nicht vor sich verbergen. Er lässt auftragen und schwelgt in kulinarischen Genüssen wie in seiner Wohlhabenheit. Der Abt nimmt und spricht wenig. Schließlich wendet sich der Adlige direkt an ihn: Mich wundert, mit wie wenig ihr auskommt!? Der Abt antwortet: Das wundert mich bei Euch auch!

Es ist Montagmorgen 8 Uhr. Ich sitze im Garten bei einer Tasse Kaffee -noch Zeitung lesend. Eine Kollegin bricht zu ihrem Seminar in der Region auf. Sie ist schon sonntags angereist und wird die ganze Woche auf Achse sein. „So lässt es sich aushalten!", ruft sie mir zu. Ich sage: „Ja, das könntest Du auch haben!" Sie schaut mich verwirrt an, - mit einer Mischung aus Sehnsucht nach Verweilen und Getriebenheit. „Im nächsten Leben vielleicht!" sagt sie keck. In letzter Zeit ist sie öfter krank.

Ein Kollege, unterwegs in Sachen „sinnvoll leben", war ständig erschöpft. Ich machte mir schon länger Sorgen. Er war einsichtig, doch änderte das wenig. Getrieben von Begeisterungen einerseits und Existenzsorgen andererseits lebte er in ständiger Überbelastung. Was er tat, passte gut zu ihm, aber er tat dessen viel zu viel und drohte in der Anstrengung zu ersticken. Seltsam, dass man durchaus seelenvoll wirken und doch selbst dabei verkümmern kann. Er hatte sich ein Anwesen geschaffen, zum Verweilen und Leben, doch er selbst war unterwegs. Schließlich ist er 5 vor 12 zur Besinnung gekommen, hat gemerkt, dass er genug haben wird und auch gar nicht so viel braucht. Die Umstellung dauert lange, doch der Entzug scheint zu gelingen. Er atmet auf, erholt sich langsam, hat wieder mehr vom Leben und neue Freude am Arbeiten. Meine Sorge lässt nach.

Verlustangst ist ein schlechter Ratgeber. Verlustangst nährt sich selbst. Es scheint eine Art Risiko-Angst-Paradox zu geben: Je sicherer man lebt, desto bewusster wird einem, dass Sicherheit verloren gehen kann und man empfindet mehr Angst[44]. Luxus soll uns ein reiches Leben bescheren. Gibt es auch eine Art Luxus-Armut-Paradox? Je mehr wir Armut meiden wollen, umso mehr suchen wir Luxus, der uns nicht reich macht. „Reich ist, wer nicht viel braucht!" sagt der Volksmund. Vom Falschen ist wohl gemeint. Wäre uns nicht allein dadurch ein reicheres oder zumindest entspanntes Leben möglich, dass wir anderen Vorstellungen vom luxuriösen Leben Raum geben?

Nach ausreichender materieller Absicherung wäre zu erwägen: *Luxus*, mehr unverplanten Raum zu lassen. *Luxus*, nicht nur am Einkommen auszurichten, was man tut oder lässt. *Luxus*, weniger davon zu haben, was Kraft und Aufmerksamkeit absorbiert. *Luxus*, Zeit mit Menschen zu verbringen, die einem etwas bedeuten. *Luxus*, sich zurückzuziehen und sich Themen zu widmen, in denen man sich vergessen kann. *Luxus*, Ausdrucksformen für sich zu erweitern, z.B. schreiben, musizieren oder malen. *Luxus*, einen Lebensraum zu pflegen, z.B. einen Balkon oder Garten zum drin wohnen. *Luxus,* zuhause zu bleiben,

---

[44] Dornes, Martin: Die Modernisierung der Seele, in: PSYCHE, November 2010 (Jg. 64), S. 995-1033 sowie ebd.: Die Modernisierung der Seele: Kind-Familie-Gesellschaft, Frankfurt 2012 (1. Aufl.).

wenn andere Freizeit auf der Autobahn oder auf Flugplätzen verbringen. Die Reichhaltigkeit unserer Landschaften und Städte in der Nähe entdecken, erkunden, wie viele Menschen dort seit Generationen zu unserer Kultur beitragen. *Luxus*, Sport zu treiben, der unaufwändig und in der Nähe möglich ist und einen mit der Gemeinde, der man angehört, in Verbindung bringt. usw.

Oft verstehe ich nicht, wofür Menschen Lebenszeit tauschen. Das hat wohl mit meinem Lebensalter zu tun und mit erlittenen Verlusten. Auch denke ich an eine befreundete Kollegin, die frühzeitig ihr Berufsleben beendet hatte, um mit ihrer Familie zu leben. Und nun hat sie plötzlich nur noch wenige Monate. Sicher ist auch hier Angststeuerung nicht hilfreich, doch sollte man Leben nicht zu sehr verschieben. Gut, man will nicht unnötig verzichten. Man will „in" sein, bei „Angesagtem" mithalten können. Augenhöhe und Zugehörigkeit sind wirklich wichtig! Aber Augenhöhe bezogen auf was und Zugehörigkeit zu wem? Zu welcher Kultur? Wir sollten mit Menschen, zu denen wir gehören oder gehören wollen, immer wieder neu darüber reden, was wir uns leisten wollen und auf was wir mit Gewinn verzichten können.

Zynisch

August 2014

In der Sendung „Sternstunde Philosophie" wurde ein Gespräch mit Harald Schmidt gesendet.[45] Das beschäftigt mich noch. Ich selbst habe seine Shows immer abgeschaltet, weil sie mir zu gewollt, zu skurril und eben zu zynisch im Sinne von menschen- und werteverachtend vorkamen. Jetzt habe ich dem Mann mit Interesse und Respekt zugehört. Einmal, weil er offen und intelligent vieles benannt hat, was sonst unter den mit Rücksichtnahme reich gedeckten Tisch fällt, und weil er dabei die Lust am Verletzen und Provozieren im Griff hatte. Vielleicht auch, weil mir ein verletzter Bub spürbar zu werden schien, wenn seine Gesichtszüge kurz zur Ruhe kamen.

Schmidt bezeichnet sich selbst als Zyniker und sieht sich in der Nachfolge eines antiken Zynikers, nämlich Diogenes. Ja, der, der gelegentlich in einem ausgedienten Fass gewohnt und durch einfachste Lebensweise seine Freiheit gewahrt haben soll. Selbst Alexander der Große konnte ihn nicht beeindrucken. Als er Diogenes eine Gunst erweisen wollte, soll dieser ihn lediglich gebeten haben, ihm ein wenig aus der Sonne zu gehen. Eher soll (nach Plutarch) Alexander beeindruckt gewesen sein: „Wäre ich nicht Alexander, wollte ich Diogenes sein."[46] Kann man sich solche Reaktionen von Größen aller Art heute vorstellen?

Eine andere Seite des Zynismus ist der fehlende Glaube, dass man die Welt verbessern und Schicksale gestalten

---

[45] Harald Schmidt bei „Sternstunde Philosophie" am 25. Mai 2014: https://www.youtube.com/watch?v=wRD1NE-y28Q
[46] siehe zu Zynismus ebenso Sarkasmus und Ironie.

kann. Dies kann durchaus mit Werteorientierung einhergehen. Harald Schmidt erweckte den Eindruck, dass er sich nicht zur Weltverbesserung berufen fühlt. Ein bedenkenswerter Standpunkt, besonders für einen Journalisten. Das ist bei den Moralisten unter den Kabarettisten wie Hildebrandt, Schramm oder Pelzig ganz anders. Entsprechend sind sie gegen moralische Erschöpfung und Bitterkeit nicht gefeit.

Wie sehr das mit der einfachen Lebensweise bei Harald Schmidt wirklich klappt, weiß ich nicht. Aber mir leuchtet ein, dass man dadurch viel Freiheit von Korrumpierbarkeit und Lebensballast erlangen kann. Und dass Schmidt der Respekt fehlt gegenüber einem Positivismus, der zu seiner Erhaltung eben 95% der Wirklichkeit ausblenden muss, verstehe ich auch. Die Kunst ist ja gerade, der menschlichen Wirklichkeit mit ihren Abgründen und Hässlichkeiten ins Auge zu sehen und dies nicht gegen das Schöne und Liebenswerte an Menschen auszuspielen. Da können wir bei der derzeitigen Weltlage gut üben.

Nüchtern

August 2014

Da fällt mir Peter Scholl-Latour ein. Ich habe anlässlich seines Todes in gesegnetem Alter mit Interesse biographische Sendungen zu und Interviews mit ihm gesehen. Ohne letztlich entscheiden zu können, ob er Recht hat, habe ich in den großen Konflikten der letzten Jahre immer auf seine Stimme geachtet. Man hat es nicht gerne gehört, wenn er von romantischer Verklärung in Sachen Demokratie-Reife in Südostasien, in Afghanistan oder Nordafrika gesprochen hat. Und man spürte neben gebührender Distanz zu Potentaten immer auch eine gewisse Akzeptanz ihrer Existenz und Funktion, sowie der Verhältnisse, in denen sie agierten. Erst in jüngster Zeit fragen sich vermehrt auch andere, ob man nach Saddam Hussein, Mubarak und Gaddafi nicht vom Regen in die Traufe gekommen ist.

Im Nachhinein betrachtet scheint Scholl-Latour der Realist gewesen zu sein, der in die besserwisserische Ecke gestellt wurde. Vielleicht auch, weil er zum „Dilettantismus" anderer kein Blatt vor den Mund nahm. Er, wie subtiler z.B. auch Helmut Schmidt, ließen eine Lust an der Schmähung weniger kluger Zeitgenossen erkennen. Doch ist es für solche dann schwer, auf jemanden zu hören, der einen gleichzeitig kränkt, auch wenn er Recht hat.

Ich selbst war immer vom Drang nach Weltverbesserung beseelt. Also homo faber (zu Deutsch: Schmied, Werkzeugmacher), der Freude am „was können und entwickeln" hatte und damit etwas in der Welt bewirken wollte. Etwas Gutes natürlich, nicht nur dem Mammon und der Macht hinterher rennen. Meist war mein Glaube an das Machbare, auch des Guten, ungebrochen. Und dann auch wieder nicht, besonders mit zunehmender Lebenserfahrung. Letztlich ist Fortschritt so schwer festzustellen. Warum sollen Entwicklungen woanders schneller gehen, wenn doch Europa Jahrhunderte mit fürchterlichen Rückschlägen brauchte, um demokratisch und rechtsstaatlich einigermaßen stabil zu werden? Letztlich ist der Glaube an Beeinflussbarkeit von Evolution eine persönliche Entscheidung.

Ich finde es überhaupt interessant, sich klar zu machen, welche Grundhaltungen zum Helfen und zur Schicksalsbeeinflussung man entwickelt hat. Es wäre vielleicht hilfreich, wenn wir uns selbst und unseren Partnern darüber mehr Klarheit verschaffen würden.

Mir kommt dazu immer wieder eine Szene aus einem Krimi der 1970er Jahre in den Sinn. Sie ist in meiner Seele hängen geblieben, wohl weil sie etwas über mich sagt. Sonst weiß ich nichts mehr von dem Film. Ein Mann startet mit seiner Frau im Motorboot vom Strand in einbrechender Dunkelheit Richtung offenes Meer. Auf einem Hügel am Strand sitzt ein Hippie am Lagerfeuer. Als der Mann nach einer Stunde ohne seine Frau zurückkommt, hat er einen Verdacht. Ohne sich sonst einzuschalten, schürt er die ganze Nacht das Feuer, so dass es weithin leuchtend den einzig erreichbaren Strand anzeigt. Gegen morgen erreicht die Frau mit letzter Kraft schwimmend das Ufer.

Querdenker

März 2011

Was haben eigentlich unser Finanzminister Peer Steinbrück und der slowenische Philosoph Slavoj Žižek[47] gemeinsam? Diese Frage brennt wirklich auf den Nägeln, oder?

Nun, Steinbrück dürfte für seine Schelte unserer Schweizer Nachbarn über deren Beihilfe zur Steuerhinterziehung bekannt sein. Also zuerst zu Žižek.

Ich gebe zu, dass ich Žižek erst kürzlich in einer meiner Lieblingssendungen des Schweizer Fernsehens „Sternstunde Philosophie" kennen gelernt habe[48] (siehe zu dieser Sendung auch oben im Kapitel „Zynisch"). Ich war fasziniert: Ein brennend passionierter Denker, Sozialist und Kenner unserer Populär-Kultur (z.B. Filme, Werbung und Anekdoten). Er mixt klassische Philosophie, Lacan'sche Psychoanalyse und Gesellschaftskritik zu einem wilden und inspirierenden Cocktail zusammen. Seine Freunde nennen ihn Fidel, aber nicht wegen seiner linken Gesinnung, sondern weil er wie jener ankündigt: Freunde, dazu muss ich kurz was erklären und dann 5 Stunden lang redet.

Und wo bleibt Steinbrück? Kommt gleich! Dieser Žižek überrollt einen geradezu mit seinen unkonventio-

---

[47] Slavoj Žižek [ˈʒiʒɛk] (* 21. März 1949 in Ljubljana, SFRJ) ist ein aus Slowenien stammender Philosoph, Kulturkritiker und Theoretiker der lacanianischen Psychoanalyse. Bekannt geworden ist er durch seine Übertragung und Weiterentwicklung der Psychoanalyse Jacques Lacans in das Feld der Populärkultur und der Gesellschaftskritik.

[48] „Nieder mit der Ideologie!", Sternstunde Philosophie vom 19. Juni 2016.

nellen Ideen, seiner Kompromisslosigkeit, seinem respekt-
losen Tanz über Disziplingrenzen hinweg. Seine Kritiker
stürzen sich dann auf seinen Stil und darauf, dass er sich
nicht an die Gepflogenheiten hält. Laut Žižek nehmen sie
geradezu gehässig zu Stil-Fragen Stellung und lassen seine
inhaltlichen Aussagen beiseite.

Ja, und darüber beklagt sich Steinbrück auch. Zurecht?

Das kennen wir anderen ebenso. Innovativen oder kritischen Einwänden begegnet man mit Desinteresse und
bestenfalls mit freundlichen Versuchen, alles wieder in
den Mainstream zurückzulenken, auch wenn dieser in
verrückte Welten fließt. Wenn Querdenker dann unbequem werden, werden sie wegen Stil-Fragen disqualifiziert.
Man umgeht sie als Stolpersteine auf dem Weg oder räumt
sie notfalls unbesehen beiseite. Die Karawane zieht weiter.
Wir kennen das aus der Therapie von Familien mit psy-
chotischen Angehörigen. Diese Verrückten sehen oft
etwas völlig richtig, wenn auch in nicht leicht nachvoll-
ziehbaren Dimensionen und Zusammenhängen. Je weniger sie wegen ihrer Argumente beachtet werden, desto
bizarrer werden ihre Ausdrucksweisen. Das System verlangt dann zuerst das Zurückrücken in Normalität. Die
verrückte Wahrheit findet wenig Beachtung. Ist das gerecht?

Ja und Nein. Wer andere nicht erreicht, mit dem, was
er für das Gemeinwesen möchte, spielt in der kulturellen
Evolution nicht mit. Seine Beiträge mögen noch so wertvoll sein. Kassandra lässt grüßen. Und es gilt auch umgekehrt: Wenn die Welt hinhört, darf jeder Rattenfänger
mitspielen.

Auf jeden Fall ist es die Ästhetik, die oft über Erfolg in
der kulturellen Evolution entscheidet. Daher dürfen uns
Stil und Umgang mit anderen nicht egal sein, wenn uns
die Inhalte wirklich wichtig sind. Der Ton macht letztlich

die Musik. Behalten am Ende die Mahner Recht, auch wenn sie nicht den Wohlklang-Gewohnheiten ihrer Zeit entsprochen haben, dann ist das tragisch gerecht, aber eben evolutionär nutzlos.

Wo sind da die richtigen Mittelwege und von wem kann man erwarten, dass er zugleich leidenschaftlich und leicht zu nehmen ist?

Egal wie, wir sollten Menschen wie Steinbrück oder Žižek zuhören und uns dabei beobachten, wann wir abschalten oder sie wegen ihres Stils disqualifizieren wollen. Vielleicht sind sie nur unbequem, haben aber doch Recht, und wir haben weniger Recht, wollen uns aber nicht irritieren lassen und kassieren billigen Beifall.

Vollkasko

März 2011

„Herr Doktor, mein Zucker spinnt!" höre ich die wirklich ungesund dicke Frau sagen. Vom Schicksal getroffen? Oder gehört sie zu denen, die wir vor kalorientriefenden Eisbechern sitzen sehen („Man hat es ja!"), während meine Frau und ich zusammen 3 Kugeln ohne Sahne bestellen. Und auch wir sind nicht so schlank wie wirklich gesund wäre.

Da ist der Psychotherapie-Patient, der nicht wirklich an Fortschritten und erkennbarem Wohlergehen interessiert ist, weil er es auf die nächste Kur, den Behinderten-Ausweis oder die Frühpensionierung anlegt. Holzbein spielen, nennt man das in der Transaktionsanalyse (Was kann man schon von einem mit Holzbein erwarten?). Ich kenne einen, der wegen Rückenproblemen Mitte 40 vorzeitig in Rente ging und jetzt als Fitnesstrainer in einem Sportzentrum arbeitet. Auf die Idee, sich beruflich wieder zurückzumelden, käme er sicher nicht.

Da sind die Händler, die glauben, jede Unverbindlichkeit und Ausbeutung seitens ihrer Kunden tolerieren zu müssen. Es rechnet sich scheinbar, weil diese sonst zur Konkurrenz gehen, die „toleranter" ist. Dass damit gewohnheitsmäßige Verantwortungsverschiebung gezüchtet wird, steht auf einem anderen Blatt.

Auch in unmittelbarer Nähe gibt es einiges zu entdecken. Da sind die Seminarteilnehmer, die selbstverständlich kostenloses Nachholen versäumter Seminare fordern, sich selbst aber nicht darum kümmern, ihren Platz rechtzeitig freizugeben, damit das Nachholen für andere organisiert werden kann. Oder sie erwarten, aufgrund einer Verhinderung, die allein bei ihnen liegt, kostenfrei aus einem Seminar entlassen zu werden. Man erwartet „Kulanz" von anderen. Dass diese dann den Schaden ersatzweise tragen müssten, scheint vielen keine Probleme zu bereiten.

Nun haben wir es hier mit sympathischen und werteorientierten Menschen zu tun. Es ist also nicht allein eine persönliche Charakterfrage. Vielmehr haben sich überall schleichend gesellschaftliche Gewohnheiten entwickelt, die als systematische Verschiebung von Verantwortung bzw. Kosten nicht übernommener Verantwortung betrachtet werden müssen[49]. Wenn das toleriert wird, ist es nicht leicht, auf mögliche Vorteile aktiv zu verzichten. Zugegeben, man hat uns hier – etwa im Unterschied zu den USA – geradezu dazu erzogen, im Staat und ersatzweise in Institutionen eine Art Versorgungseinrichtung zu sehen[50]. Die Selbstverständlichkeit, in erster Linie seine Lebensbedingungen und sein Wirtschaften selbst zu verantworten, ist in erheblichem Maße verloren gegangen. Das werden wir wieder lernen müssen, weil die Sozialkassen aufgrund des demographischen Wandels klamm werden und Plünderungsmentalität nicht kompensieren können.

Missbrauch geht immer zu Lasten von irgendjemandem, seien es Kunden, Partner, die verantwortlicher handeln, Kindersklaven in Afrika oder Fabrikarbeiter irgend-

---

[49] B. Schmid (2011): Auf der Suche nach der verlorenen Verantwortung, erschienen in perspektive: blau, B. Schmid und A. Messmer (2004): Auf dem Weg zu einer Verantwortungskultur im Unternehmen (Schriften Nr.068) sowie B. Schmid und S. Caspari (1997): Wege zu einer Verantwortungskultur oder symbiotische Beziehungen (Schriften Nr.020).
[50] Wolfgang Kersting: Verteidigung des Liberalismus, Murmann 2009.

wo, die mit Hungerlöhnen und miserablen Arbeitsbedingungen abgespeist werden. Das ist Kolonialismus auch von unten nach oben und seitwärts, der selten als solcher erkannt und angeprangert wird. Es sind so viele Wahrnehmungsfilter eingebaut, dass wir uns nicht als Täter erkennen müssen.

Faire Beziehungen entsprechen einem menschlichen Grundbedürfnis. Die Forschungen des mit dem Fairnesspreis 2010[51] ausgezeichneten Professor Fehr zeigen z.B., dass Menschen es sich sogar etwas kosten lassen, unfaire Mitspieler zu bestrafen. Sie tun dies selbst dann, wenn sie mit diesen nie mehr zu tun haben werden, sich also diese Investition in faire Beziehungen für sie nie auszahlt. Also der homo öconomicus als falsche Grundannahme? Raffgier nicht als menschliches Grundmotiv, sondern eher als Verfall, wenn sinnvolle und faire Beziehungen entgleisen oder nicht mehr erwartet werden?

Wie kommen wir da raus? Vielleicht ist unsere einzige Chance, bei uns selbst anzufangen, als Vorbild zu wirken und andere in Verantwortungsdialoge zu ziehen. Sicher kein bequemer Job. Die Einsichtigen tun sich schwer, solange andere ungeniert zulangen. Solange der Gerechte der Dumme ist, hat der Verantwortungsfreudige Magenprobleme.

Der ehemalige UNO-Generalsekretär U Thant erzählte, dass er unsicher war, ob er in seinem Amt für die Menschheit wirklich etwas Gutes erreichen konnte. Ihm half, dass er in New York auf dem Fußweg zu seinem

---

[51] Ernst Fehr, Professor für Mikroökonomie und Experimentelle Wirtschaftsforschung an der Universität Zürich und Leiter von deren Institut für Empirische Wirtschaftsforschung; http://www.fairnessstiftung.de

Amtssitz täglich einen Beutel voll Müll sammelte und dieser über die Jahre richtig sauber wurde.

Klare Kante

Februar 2013

Klar sollte man bedenken, wie man aus Eskalation aussteigen kann. Doch wer nur nachgiebig sein kann, ist zahnlos. Daher soll es jetzt um konsequente Konfrontation zur Eingrenzung von Charakterbedingtem Fehlverhalten[52] gehen.

Ein Beispiel: Über Jahre hatte eine jüngere Schwester versucht, die ältere mit Intrigen aus der Familie zu drängen. Die Nähe zur gebrechlichen Mutter wurde genutzt, um Kontrolle über die Einnahmen eines Mietshauses zu erlangen, Vermögenswerte verschwinden zu lassen oder sich durch untergeschobene Verträge Vorteile zu verschaffen. Ohne dass sie vom Sterben der Mutter erfahren hatte, wurde die Ältere nach deren Tod mit einem Versuch der Enterbung konfrontiert.

In der vorausgegangenen jahrelangen Auseinandersetzung war die ältere Schwester machtlos geblieben, weil sie an humanistischen Werten orientiert drastische Maßnahmen oder juristische Schritte ablehnte. Ihre Versuche, über Verständnis, Erklärungen, Apelle und Entgegenkommen zu einer Verständigung zu kommen, waren ins Leere gelaufen. Schließlich hatte sie sich verunsichert zurückgezogen und der Schwester das Feld überlassen. Und damit auch die Hoheit über die zunehmend dement werdende Mutter. Nun bereute sie ihre Versäumnisse.

Wenn der andere im betrügerischen und intriganten Modus agiert, bedeutet zwanghafte Friedfertigkeit Beihilfe

---

[52] siehe hierzu in der Psychologie auch „Persönlichkeitsstörung".

zum Unfrieden. Besser: Für einen groben Klotz notfalls einen groben Keil parat haben. Wer sich dafür zu fein ist, verliert nicht nur, sondern macht sich mit schuldig. Erst in Doppelstrategie bedeuten Wehrhaftigkeit und Versöhnlichkeit Stärke. Konfrontations- und Kooperationsspiele werden in der Literatur unter „Tit for tat" diskutiert.[53] Essenz: Dem Kooperativen kooperativ begegnen und dem Nichtkooperativen konfrontativ, so dass ihm die nachfolgend angebotene erneute Kooperation opportuner erscheint als manipulative Manöver. Nur ein solches taktisches Vorgehen kann von Manipulatoren als Stärke und Motivationslenkung akzeptiert werden. Im humanistischen Bezugsrahmen gehen wir hingegen normalerweise davon aus, dass Menschen auf der Einsichts- und Haltungsebene für Kooperation gewonnen werden können. „Das glaube ich erst, wenn ich es sehe!" zu antworten, wenn mal wieder was treuherzig beteuert wird, erscheint doch sehr unfreundlich. Man ist doch Ressourcen-, Lösungs-und Vertrauensorientiert.

Zu erwarten, dass Werte wirken, ist im Umgang mit Charakter-Störungs-Dynamiken unangebracht. Sie sind weder für einen selbst noch für den anderen hilfreich, um in einen Kooperationsmodus zu kommen. Wer humanistischen Werten dienen will, sollte mit mehr als solchen Wassern gewaschen sein. Humanistische Werte werden in Charakter-Störungs-Weltbildern gerne propagiert, wenn sie einen manipulativen Vorteil versprechen. Sie haben aber keine verhaltenssteuernde Wirkung. Man muss das Verhalten beobachten, um das geltende Steuerungsprinzip

---

[53] **Tit for Tat** ist seit dem 16. Jahrhundert als *„tip for tap"* belegt. Beide Wörter sind in der Bedeutung Schlag, Stubser zu verstehen. Die Redewendung kann grob mit „Zug um Zug", „Wie du mir, so ich dir" oder „Wurst wider Wurst" (im Sinne von: Gleiches wird mit Gleichem vergolten) übersetzt werden.

zu identifizieren. Dabei trifft man weniger auf konsistente Strategien. Eher ist der situative Vorteil entscheidend. Es geht darum, im Moment gut davonzukommen. Auch aggressives Verhalten hat meist diese Funktion. Man kann nicht erwarten, dass man durch Friedfertigkeit und Entgegenkommen allein positiv reagiert. Im Gegenteil: Man wird ausgetrickst und verliert wegen der erkennbaren „Dummheit" an Respekt. Dabei ist der Gegenüber oft eher verschlagen als klug. In einem weiteren Bezugsrahmen wirkt das Verhalten oft erstaunlich dumm. Jacqui Schiff[54] meinte dazu: Die dummen Character disorder Persönlichkeiten sitzen im Gefängnis, die Gescheiten in hohen Ämtern.

Entwicklungspsychologisch werden solche Seiten von Persönlichkeit mit entstandenen Grundannahmen erklärt: „Es gibt kein Vertrauen und keine Zuverlässigkeit. Alles kann jederzeit anders sein. Darum: Manipuliere den Moment und versuche jetzt zu kriegen, was geht. Wer weiß, wie es später ist. Einer wird der Dumme sein und nur Manipulation macht möglich, dass nicht Du es bist." Es fehlt jede positive Erwartung an Aufrichtigkeit, Vertrauen und Beständigkeit. Woher soll dann die Motivation kommen, sich ernsthaft daran zu orientieren? Man geht davon aus, dass alle so gestrickt sind. Emotionale Sicherheit wird durch Angstabwehr und die Phantasie der Unverwundbarkeit hergestellt. Daher wird auch bei Fehlschlägen davon ausgegangen, dass es immer eine weitere Chance gibt. Ohne, dass glaubhaft vermittelt wird, dass eine angebotene Chance wirklich die letzte ist, kann kaum Motivation geweckt werden, sie zu ergreifen. Auf humanistische Be-

---

[54] Siehe hierzu in B. Schmid und S. Caspari (1992): Wege zu einer Verantwortungskultur oder: Symbiotische Beziehungen (Schriften Nr. 020).

ziehungsmodi zu bestehen bedeutet Hilflosigkeit bzw. unterlassene Hilfeleistung.

Die Schwester musste also gebändigt werden. Klare Definition von letzten Angeboten. Markierung von deren Vorteilen und Nachteilen bei Nichtannahme. Entschlossenheit, die eigene Position durchzusetzen und sich das vielleicht sogar einen irrational hohen Preis kosten zu lassen. Durch „Irrationalität" macht man sich schwer berechenbar und Manipulationsversuche erscheinen riskanter. Man nutzt und bestätigt dabei allerdings das Character-disorder-Weltbild. Dennoch kann gerade das zum Einlenken führen. In diesem Fall half beides nicht mehr. Der angekündigte Rechtsweg wurde endlich beschritten. Die jüngere Schwester verlor vor Gericht auf ganzer Linie, da ihre manipulierten Wirklichkeiten leicht erkennbar waren. Eine Zwangsversteigerung des Mietshauses ließ ihre Hoffnungen zerplatzen, es billig an sich bringen zu können. Die Ältere erwarb das Haus. Erst durch konsequentes Einsetzen von rechtlicher und finanzieller Potenz konnte sie sich Respekt verschaffen, ihre Position in der Familie ideell und materiell wieder in Anspruch nehmen.

Nachdem das meiste verloren war, zeigte sich die ganze Erbärmlichkeit hinter den Manövern der Schwester. Jetzt erst könnten Betrachtungen auf höherer Ebene für die Ältere bedeutsam werden. Letztlich hatte sie den besseren Teil am geschwisterlichen Schicksal, hatte studiert, lebte in stabilen Beziehungen und in relativem selbst erworbenem Wohlstand. Sie war in jeder Hinsicht die Vermögendere. Nach einer Phase von Triumph und Erleichterung könnte sie aufgerufen sein, über geschwisterliches Entgegenkommen zu sinnieren. Jetzt jedoch aus echtem Mitgefühl und nicht aus Schwäche.

Plünderer

März 2013

Empört Euch! hat der nun verstorbene Stéphane Hessel[55] uns zugerufen.

Also gut! Ich muss es mir mal von der Seele schreiben.

Ich bin entsetzt, und Zorn wallt in mir auf bis hin zu gewalttätigen Phantasien.

Darin werden Plünderer standrechtlich erschossen, weil sie Katastrophen und die Not von Mitmenschen zur Selbstbereicherung genutzt haben. Wohlgemerkt, ich denke dabei nicht an Bedürftige, die in ihrer Not stehlen, sondern an Verbrecher, die, anstatt zu helfen, kaltblütig Not, Wehrlosigkeit und Wirrnisse ausnutzen, um sich zu bereichern.

Wie ist das nun, wenn große „soziale" Einrichtungen in dringenden Tatverdacht geraten, wenn sie Dinge tun, die ich von Plünderei nicht unterscheiden kann? Ein Beispiel: Um der aus gesellschaftlicher Teilhabe ausgeschiedenen Jugendlichen wieder eine Chance zu geben, werden staatliche Fördertöpfe eingerichtet, damit soziale Einrichtungen die notwendigen Mittel haben, um Hilfe zu leisten. Was geschieht? Es werden schnell Anträge zusammengebastelt, um an das Geld zu kommen. Man ist da versiert. Es soll sogar Dienstleister geben, die auf das Aufspüren und Ausschöpfen von Fördermitteltöpfen spezialisiert sind. Von etablierten Trägern eingereicht, werden Anträge

---

55 Empört Euch! (französischer Originaltitel Indignez-vous !) ist ein Essay des ehemaligen französischen Widerstandskämpfers und UN-Diplomaten Stéphane Hessel. Er wurde im Oktober 2010 veröffentlicht; bis Februar 2011 sind mehr als eine Million Exemplare verkauft worden.

leicht durchgewinkt. Man kennt sich, arbeitet Hand in Hand. Man erhält Pauschalen für die beantragten Plätze und Maßnahmen. Wen stört es da, wenn von 16 Plätzen später tatsächlich nur 6 beansprucht werden und auch nur gelegentlich. *Wenn einer drei Tage hintereinander überhaupt kommt, ist das schon ein Erfolg"* erklärt ein frustrierter Mitarbeiter.... *Ich versuche seit einem halben Jahr, meine übergeordnete Stelle zum Gespräch über die Sinnhaftigkeit unseres Tuns zu bekommen. Man entzieht sich dem systematisch. Was da wie „querfinanziert" wird, kann ich nur fantasieren.*

Da reibe ich mir als engagierter Steuerzahler, der sein Geld mit realer Dienstleistung verdient, doch die Augen! Und dafür solche Summen? Dabei weiß ich von sinnvollen Einrichtungen, die krank gespart werden und von ehrlichen Initiativen, die arm bleiben, weil sie keine Lobby haben. Werden in Zeiten der Not nicht Bedürftige geprellt, um sich an den Hilfsmitteln zu bereichern? Vorteilnahme, vielleicht nicht direkt privat in Geld, aber indirekt, durch die Aufblähung von Macht, Privilegien und Apparaten. Und das bei vollmundigem Werteanspruch nach außen. Spielarten von unverantwortlicher Profitsucht unter dem Deckmantel von Gemeinnützigkeit, die ich bisher nicht kannte.

Ist es da eine Entschuldigung, dass die Geldgeber bzw. deren Verwalter möglicherweise gar nicht wissen wollen, was wirklich geschieht? Sie müssten dann Fehler in der Vergabepolitik eingestehen, müssten dem Trugbild, dass sie der Not tatsächlich begegnen, entsagen. *Maßnahmen der Politik seien verpufft*, kann man schon mal in den Medien hören. Klar, wenn knappes Holz für weithin sichtbare Leuchtfeuer abgefackelt wird, nicht aber in den Öfen, die damit beheizt werden sollen, fern von den Menschen, die sich daran wärmen könnten, brauche ich mich darüber nicht zu wundern. Die Verwalter unserer Steuermittel müssten ernsthaft darüber nachdenken, wie Mittel eingesetzt werden könnten, damit sie dem erklärten Zweck auch real dienen. Kann man das nicht erwarten?

Kann man von den Plünderern erwarten, dass sie öffentliches Geld unangetastet lassen, wenn sie für einen wirtschaftlichen und zweckgerechten Einsatz nicht garantieren können? Warum eigentlich nicht? Müsste man da nicht manchen Bock aus der Gärtnerei vertreiben, anstatt ihn auch noch zu bezahlen und zu hofieren? Ist das nicht Veruntreuung? -bekanntlich ein Straftatbestand! Dürfen Blender und Zyniker unsere Ressourcen verwalten?

Jetzt weicht meine Empörung langsam konstruktiven Überlegungen. Soweit soll es heute aber nicht kommen. Damit setzen wir uns beim Aufbau unserer Stiftungsarbeit auseinander (www.schmid-stiftung.de). Für heute will ich Wutbürger bleiben.

Gab es bei Hessel nicht eine Fortsetzung? In Richtung *Engagiert Euch!* Am Ende bleibt uns kaum etwas anderes übrig, wenn sich etwas verändern soll.

Aber eben erst morgen wieder.

Raubtierwirtschaft

Oktober 2010

Da empört sich ein Bauer: *Jetzt hab ich der Kuh endlich das Sägemehlfressen angewöhnt. Jetzt geht mir das Vieh ein.*

Ich habe vor einigen Jahren Entwicklungsprojekte in Afrika besucht. Subversiv an den Regimen vorbei ist es schwer, Entwicklungshilfe zu betreiben. Also versucht man unter der Fahne „Good Governance" der herrschenden Klasse beizubringen, dass man die Kuh, die man länger melken will, nicht schlachten sollte. Ist irgendwie auch nicht ganz befriedigend, aber vielleicht der einzige Weg. Die Logik von Missbrauch und Ausbeutung bleibt. Doch wer weiß: Wenn Bereicherung klüger und nachhaltiger betrieben wird, könnte sie sich vielleicht in Pflege eines Wirtschaftssystems und der Menschen, die wirtschaften, verwandeln. Ob das geht? Aber gibt es Alternativen?

Die Erfindung des Raubtierprinzips sei ein entscheidender Fortschritt der Evolution gewesen, ja sogar entscheidend für die Gehirnentwicklung. Raubtiere müssen nicht den ganzen Tag fressen, sondern fressen die, die das tun oder selbst solche gefressen haben. Nahrungskette nennt man das. So seien Spielräume für Entwicklung entstanden, sagen einige Evolutionsforscher.

Ob das stimmt? Ob nicht Vegetarier hätten auch eine gute Entwicklung nehmen können? Brauchte es dafür die Herausforderungen der Jagd und Kooperation, z.B. unter Löwinnen oder Orkas? Wie ist es denn mit Landwirtschaft und Vorratshaltung? Hat das nicht auch Intelligenz und Kooperation gefördert?

Na, ja! Ich will mich unserer Geschichte nüchtern stellen. Vielleicht ist Unterschiedliches in unterschiedlichen Phasen der Evolution richtig gewesen. Jedenfalls sind wir weit davon entfernt, dass Wolf und Lamm einträchtig zusammenwohnen. Realistisch kommt einem das ohnehin nicht vor und ob es überhaupt erstrebenswert ist, weiß ich auch nicht. Klar, das Lamm wäre dafür. Aber wo wären wir, wenn alle nur an dem knabbern, was in Reichweite kommt?

Und sowieso plündern auch Vegetarier ihre Umwelt, wenn diese sich nicht wehren kann. Deshalb haben auch Pflanzen allerlei Abwehrtechniken entwickelt. Sie sind ja auch Lebewesen, die wiederum andere nutzen. Und wenn man genau hinschaut, sind auch Raubtiere nicht unersättlich. Sie töten für ein auskömmliches Leben und haben auch eine hygienische Funktion im Gleichgewicht mit ihren Beutetieren. Kein Tier betreibt sinnlose Anhäufung von Beute oder Futter und weitet seine Jagdreviere oder Weidegründe weit über Bedarf aus. Tiere brauchen das nicht zur Selbstüberhöhung oder um in Luxus zu schwelgen. Also sind Tiere die humaneren Bewohner unseres geschundenen Planeten?

Irgendwie kommen wir mit der Unterscheidung zwischen Vegetariern und Raubtieren, oder zwischen Mensch und Tier nicht weiter. Eigentlich möchte ich unterscheiden zwischen ruinöser **Ausbeutungswirtschaft** und Lebenserhaltender **Pflegewirtschaft**. Jedenfalls finde ich Handeln, das im Wesentlichen darauf sinnt, Ressourcen auszubeuten, und wenn dadurch Gleichgewichte nachhaltig geschädigt werden, menschenunwürdig. Wenn damit Milliarden gescheffelt werden, beeindruckt mich das schon irgendwie, doch Achtung vor den Akteuren will sich nicht einstellen. Ganz schön clever, ja, doch unvernünftig aus humanistischer Perspektive. Sie setzen gar manche Kuh, deren Milch ihre Enkel ernähren sollte, auf

95

Sägemehldiät. Wenn sie dann merken, dass auch sie nichts mitnehmen können und Stiftungen zur Erneuerung des Tierbestandes gründen, ist das ehrenwerter als wenn sie bis zur letzten Stunde raffen. Doch lieber wäre mir, sie hätten schon mit solchen Gesinnungen gewirtschaftet und dazu beigetragen, dass solche Werteorientierung konstruktives Merkmal unserer Wirtschaftskultur ist und nicht später Ablass.

Jedenfalls sollte es obiger Kuh besser gehen, damit sie gute Milch gibt und ein erträgliches Leben führen kann, auch wenn sie vielleicht irgendwann geschlachtet werden sollte.

Verschwendung

Januar 2010

Bezüglich der guten Vorsätze zu Neujahr besinne ich mich normalerweise auf die vom letzten Jahr zurück - wegen der Aufrichtigkeit und der Nachhaltigkeit. Gute Vorsätze als Beruhigungspille einwerfen, um dann bis zur nächsten moralischen Heimsuchung alles zu vergessen, das wäre irgendwie unwürdig.

Doch beschäftigt mich insgesamt unser Umgang mit den Ressourcen des Planeten. Da waren z.B. die ganzseitigen Anzeigen der Discounter vor den Festtagen. Sie sagten: So entsteht Festlichkeit. Leiste Dir was Besseres. Wir haben es doch. Und es kostet doch auch nicht viel! ...

...Wirklich nicht? Wir brauchen dringend die vollstän-digen Footprints aller Produkte. Wir sollten zumindest den vollen Preis kennen, auch wenn ihn zunächst noch andere bezahlen.

Da höre ich von Demonstrationen in London, die an-prangern, dass in UK mehr als 30% der Lebensmittel letztlich weggeworfen werden, während Lebensmittelroh-stoffe aus Hungerländern importiert werden. In den USA soll täglich so viel Brot weggeworfen werden, wie ganz New York für die Versorgung eines Tages benötigt. Buf-fets in Hotels und Restaurants sollen auch hier zwar bis zuletzt im Überfluss bestückt sein, die Reste müssen aber in den Müll. Bäckereifilialen sind verpflichtet, übrige Backwaren, nicht abgeholte Torten etc. wegzuwerfen. Sie dürfen nicht einmal von den Mitarbeitern verwertet wer-den.

Klar, es gibt für all diese Erscheinungen Gründe. Wirklich vertretbare Gründe?

In Hotels wird zwar mittlerweile propagiert, dass man den unnötigen Austausch von Handtüchern meiden kann, aber das Personal nimmt davon keine Kenntnis und wechselt täglich. In einem Etablissement standen nur unsinnig große und schwere Badetücher zur Verfügung. Seifen und sonstige Wässerchen und Cremes gab es so abgepackt, dass eine bescheidene Nutzung unmöglich war. Überall findet man Seifenspender, denen man nur mit größter Kunstfertigkeit kleine Mengen entlocken kann. Ich traue mich kaum, davon zu reden und davon, dass es eine einfache Seife vielleicht auch tun würde.

Ich spreche nicht von unserer Ressourcenvergessenheit, mit der wir Heizungen, Lichter und Computer ungenutzt in Betrieb lassen. Sicher könnten wir auch da Einiges tun. Nein, es geht mir um Verschwendung als Prinzip und Ausdruck ruinöser Selbstgefälligkeit. Es ist im gesellschaftlichen Raum und im professionellen Bereich nicht die leichteste Übung, Verschwendung anzusprechen, vermeidbaren Aufwand zum Thema zu machen, selbst auf Vorteilsnahme zu verzichten. Auch ich habe diesen Mut leider gelegentlich vermissen lassen, habe wichtigkeitsheischende Aufblähungen und selbsterhöhende Ausgaben akzeptiert oder habe über Großzügigkeit auf Kosten anderer hinweggesehen, obwohl meine innere Ampel auf Rot stand. Aber darf man anderen die eigenen Maßstäbe diktieren? Will man kleinlich wirken, sich unbeliebt machen? Will man große Themen mit Debatten über Stil aufhalten? Lieber schweigt man verschämt.

Und doch bin ich froh um die Momente, in denen ich mich meiner Scham gestellt und zumindest meiner eigenen Beteiligung ein Ende bereitet habe. Bewirkt hat das vielleicht wenig, doch habe ich ein Stück Würde zurück gewonnen[56]. Schon dafür hat es sich gelohnt. Und wenn viele nach solcher Würde streben, dann kommt vielleicht doch was zusammen.

---

[56] B. Schmid (2009): Auf der Suche nach der verlorenen Würde (Schriften Nr.008), siehe Kapitel 40.

Matthäus-Effekt

März 2015

„Denn wer da hat, dem wird gegeben, dass er die Fülle habe;
wer aber nicht hat, dem wird auch das genommen, was er hat. "
(Mt 25,29)
oder auch
„Der Teufel scheißt immer auf den größten Haufen"[57].

Eigentlich hat mich zunächst das „Probono-Paradox"
beschäftigt. Doch dann zogen meine Gedanken immer
größere Kreise und ich bin beim Matthäus-Effekt gelandet.

Doch der Reihe nach!

Auf Einladung der BMW-Stiftung durfte ich kürzlich am
Global Pro Bono Summit in Berlin teilnehmen. Sehr
spannend. Auf der Suche nach Wegen zwischen kapitalis-
tischer Wirtschaft und Gemeinwohlverantwortung entstehen weltweit Trampelpfade. Vieles im Pionierstadium,
aber mit erstaunlich wachsendem Elan.

Die gute Botschaft: Weltweit gibt es eine enorme Bereitschaft zum Volunteering[58]. Private, Professionelle,
Unternehmen wollen ohne Gewinnstreben für das Gemeinwohl eigene Kräfte und Kompetenzen einsetzen. Das
zu lösende Problem: Wie daraus Gemeinwohl und nachhaltige Unterstützung für dort Engagierte machen? Da
gibt es altehrwürdige Großorganisationen, die aber eher

---

[57] Siehe Wikipedia zum Matthäus-Effekt.
[58] interessanterweise gibt es auch Regionen, z.B. China, in denen das
noch nicht so ist.

wie ein Teil des bekannten Systems und oft schwerfällig wirken. Daneben existieren unendlich viele, meist lokale Initiativen, von der Vereinsarbeit über das Frauenhaus oder die Tafel zum social entrepreneurship-Startup. Soweit , so quirlig.

Zunehmend versuchen „Vermittler" über solche „hands-on-Aktivitäten" hinaus neue Ordnungen zu schaffen, wollen das Feld nachhaltiger organisieren und entwickeln. Auch die Schmid Stiftung[59] entwickelt Formate, um das Knowhow des isb und seines Netzwerkes bei gut dosierbarer Belastung und reichlich spannenden Erfahrungen in diesen Bereich nachhaltig einzubringen.

Nun zum Paradox: Schrotschuss oder Selektion? Zunächst eine etwas polarisierende Betrachtung: Probono-Dienstleistungen kann man entweder nach dem Schrotschuss-Prinzip zur Verfügung stellen. Dann ist der Nutzen fraglich, ja es werden Missbrauch und Abhängigkeiten gefördert. Wer hat sich nicht schon in Gutmenschentum geübt und ist bei schlechten Gefühlen gelandet? Oder man stellt nach dem Selektions-Prinzip Anforderungen an die Empfänger, verlangt Augenhöhe, um würdige Hilfe zur Selbsthilfe zu leisten. Dann schaffen nur die fittesten, überhaupt was zu bekommen. Die Bedürftigsten gehen leer aus.

Klar suchen auch Geber Verhältnisse, bei denen Hoffnung auf nutzbringenden Einsatz ihrer Mittel besteht. Sonst gießt man in ein Fass ohne Boden. Sonst fühlt man sich missbraucht. Aber wie kann man, ohne übergriffig zu werden oder die Verantwortung anderer zu übernehmen, das Flicken solcher Fässer bewirken? Also Selektion? Definieren, unter welchen Bedingungen man gibt? Die auswählen, die der Gaben am würdigsten sind? Das ist z.B. meist die Dynamik von Wettbewerben. Die Sieger be-

---

[59] http://www.schmid-stiftung.org/

kommen reichlich. Dem eigenen Selbstverständnis und Erscheinungsbild hilft es auch. Sind nun aber nicht die ohnehin Privilegierten wieder unter sich? Die Mittel häufen sich bei den Privilegierten und es ist fraglich, ob sie so gebraucht und gut eingesetzt werden. Und sie fehlen woanders. Dabei hätten gerade die, die nicht fit genug waren, am meisten Unterstützung gebraucht.

Oder man will es nicht so genau wissen, um dem Paradox zu entgehen. Geber und sich etablierende Vermittler vermelden beeindruckende Volumina, emsige Aktivitäten und dankbare Empfänger. Freiwillige z.B. aus großen Unternehmen werden mit ihrem Knowhow an gemeinwohlorientierte Akteure vermittelt. So glaubt eine Schulinitiative eine Website zu brauchen und es findet sich jemand, der Website kann und gerne hilft. Neuerdings wird die Vermittlung per Matching über Internetplattformen versucht. Jeder diagnostiziert sich dabei durchaus ehrlich. Aber auch kompetent? Was passiert konkret, wenn die Gematchten zusammentreffen? Wenn der Website-Spender nachfragt, was diese eigentlich leisten soll, merkt der Empfänger vielleicht, dass er ohne weitergehende Klärungen nichts zu antworten weiß. Mit solchen Klärungen fühlen sich dann vielleicht alle überfordert. Oder man bastelt etwas, was vielleicht auch schön aussieht, aber den Zweck im Dunkeln lässt. Jemand hat das so ausgedrückt: Das ist wie das Angebot einer günstigen Internetapotheke. Jeder kann sich aufgrund seiner Selbstdiagnosen bedienen.

Und der Matthäuseffekt?

Jeder kennt ihn im eigenen Leben. Wer will nicht lieber mit den Reichen, Wichtigen, Begabten oder wenigstens Gutwilligen zu tun haben? Gute Gründe, die anderen mit Bedauern außen vor zu lassen finden sich. Oder man nimmt dann doch auf sich, sich den Bedürftigeren zuzuwenden. Manchmal geht das einfach und ist menschlich befriedigend. Und oft hat man ein Christophorus-Erlebnis: Mittendrin wird einem die Bürde schwer. Dann findet man sich in Paradoxien wieder. Sich blind weiter engagieren ist genauso ungut, wie sich frustriert zurückziehen. Ein Dilemma kommt selten allein[60]. Also was tun? Im Konkreten zumindest Falschlösungen identifizieren und deutlich machen, aber auch in Beziehung bleiben und versuchen, neue Prämissen zu setzen. Mängel offenlegen und Problemstabilisierende Beiträge verweigern. Dazu gleichzeitig für Weiterentwicklungen und weiteres Engagement werben. Dabeibleiben, obwohl keine eleganten Lösungen zu erwarten sind. Damit kann man allerdings nicht so schnell und nicht massenhaft Lösungen reklamieren, kann nicht so leicht mit Erfolg beeindrucken, scheitert und zweifelt öfter, muss dies Mitstreitern zumuten. Oft bräuchte es Dilemma-Kompetenz, aber ist das nicht schon wieder eine zu hohe Anforderung?

Auch wir haben keine Lösungen, doch versuchen wir, den Paradoxien standzuhalten und dem Matthäus-Effekt entgegen zu wirken.

---

[60] B. Schmid (1988): Zwickmühlen und der Dilemmazirkel (Schriften Nr. 106) sowie B. Schmid (1993): Dilemmata, Ökonomie und Ökologie im Umfeld unserer Profession (Schriften Nr. 034),ebenso B. Schmid und V. von Kibed im Gespräch: Verzweifeln, eine professionelle Kompetenz?, redaktionell bearbeitet von Irmina Zunker.

Kasino-Mentalität

Oktober 2010

Seltsam finde ich die Verbreitung von Kasino-Mentalität. Was hat das mit dem Bewirtschaften einer Idee für menschliches Wohlergehen zu tun? Man sollte Spekulier- und Ausbeutungsmachenschaften gar nicht Wirtschaften nennen dürfen, denn Wirtschaften hat mit intelligenter und verantwortlicher Erzeugung von Mehrwert zu tun und das nicht nur nominell, sondern als realer Beitrag zum Wohle von Menschen. Was als Mehrwert für welche Menschen durchgehen kann, ist eine eigene Diskussion, sicher. Aber nur Bereicherung, und erst recht, wenn sie aus Umverteilung zulasten Ärmerer gespeist wird, hat nichts mit Marktwirtschaft zu tun, höchstens mit deren Pervertierung. Wie kann ein mit Geist beschenkter Mensch sein Leben mit Spekulieren verschwenden, die Würde verantwortungsvollen Handelns gegen Software-gesteuertes Millisekunden-Trading eintauschen? Glaubt er, sich mit dem Geld später das versäumte Leben mit Zinsen zurückkaufen zu können? Und was ist mit Marktwirtschaft, die durch gute Konkurrenz zum Wohle der Spezies die Tüchtigen nach vorne bringen soll, die durch Preisbildung Ressourcen dorthin lotsen soll, wo sie am besten genutzt werden? Preise für Grundstoffe, Nahrung, Wasser, Öl orientieren sich kaum noch an Angebot und Nachfrage, sondern zunehmend an Spekulationserwartungen von Spielern. Das Kasino verselbständigt sich, bringt Betroffene, deren Existenz von echter Marktwirtschaft abhängt, in Not und alle um ein Leben in Würde. Die Spekulation frisst ihre Kinder.

Fortschritt

Februar 2010

Das Älterwerden bringt wohl so mit sich, dass man immer öfter glaubt, sich schon auszukennen. Das hat ja auch etwas Beruhigendes. Man kann sich manchen Holzweg sparen, muss nicht mehr überall dabei sein. Und auf „des Kaisers neue Kleider" hat man schon lange keine Lust mehr.

Aber öde wird es schon, wenn man sich auch nicht mehr so leicht berühren und begeistern lassen kann, z.B., wenn jüngere Menschen voller Stolz und Fortschrittsbeseeltheit etwas präsentieren. Mit fortschreitendem Alter wird wohl nicht nur der Körper müde, sondern auch die Seele. Das ist frustrierend, für einen selbst und für die Jüngeren, die lieber lebendigen Älteren begegnen wollen. Da muss man wohl was für tun. Denn mich strapaziert ja auch, wenn ältere Menschen (in diesem Falle 75+) glauben, alles schon zu kennen. Frustrierend, wenn sie meine Beiträge mehr als Stichwort für eine Konservenlieferung aus ihrem reichen Vorrat nutzen, anstatt mal nachzufragen, was mich dabei bewegt. Will ich so werden?

Und irgendwie ist das Gefühl nicht völlig unberechtigt, dass sich die Welt weiterdreht und unsere Zeit neue Fragen hat. Vielleicht nicht grundsätzlich, aber auch bekannte Fragen müssen neu beantwortet werden. Auf jeden Fall würde ich gerne auf Aufgeschlossenheit und lebendiges Interesse für Fortschrittliches stoßen.

Doch fällt es mir selbst schwer, konservative Sprüche und Kopfschütteln zu unterdrücken, wenn ich z.B. Radfahrer sehe, mit Rucksack, weil man ja keine Gepäckträger mehr hat, selbst nass bei Regen und wilde Fontänen sprühend, weil man ja keine Schutzbleche mehr hat oder einen durch Warnrufe aus nächster Nähe erschrecken, weil Fahrradklingeln offenbar out sind. Wo ist da der Fortschritt?

Zu Fortschritt fällt mir eine Begebenheit ein.

Es war in den 1960er Jahren. Eine 15 jährige fand ihre Zimmereinrichtung viel zu bürgerlich-konservativ. Etwas Fortschrittliches musste her. Weg mit dem Mief des Althergebrachten! Also erst mal das Sofa raus. Schließlich konnte man auf dem Boden viel besser sitzen. Nach einiger Zeit war das selbst für einen so jungen Körper ein bisschen zu hart. Also Matratzen! Zunächst auf den Boden, dann, weil man nicht nur frei sitzen wollte und die Wand doch auch hart und etwas kalt war, dann auch im Rücken. Das war es doch! Für eine ganze Zeit! Schließlich fand ich sie sinnend vor den Matratzen stehen: Wenn das ganze jetzt einen halben Meter höher wäre, dann wäre es so richtig bequem.

Als älterer Mensch denkt man sich: Das hättest Du leichter haben können!

Doch wäre es das gleiche gewesen? Ist nicht die eigene Zivilisationseroberung der wichtige Teil, ja für jeden der eigentliche Fortschritt? Und wenn ich mir einer positiven und aufgeschlossenen Haltung einigermaßen gewiss bin, finde ich Wege, alte Hüte, die modisch aufgepeppt daherkommen, auch als solche zu benennen. Man will sich ja auch keinen Maulkorb verpassen und sich für jede Naivität begeistern. Manchmal ist es auch eine gute Tat, wenn einem der „Kopf gewaschen wird", auch wenn man erst mal schluckt und eine Weile zu kauen hat.

Dazu fällt mir ein Erlebnis ein, das mir unter die Haut ging und dort segensreich über die Jahre wirkte: Ich war jung, gerade aus Kalifornien zurück und als Fan der Jung'schen Psychologie von meinen an Symbolen reichen Träumen geschmeichelt. Also schickte ich der berühmten Jungianerin Marie-Louise von Franz einen Traum, der mich in Jesus-Sandalen am Strand wandelnd zeigte.[61] Ein großartiges Selbstgefühl! Nur ein Schwarzer -in Lederhose und Bergstiefeln- störte mit Pöbeleien meine Kreise. Was hatte das zu bedeuten?

Die Reaktion der großen alten Dame: Ich wäre ein selbstverliebter Gockel, der für seinen Lebensweg völlig ungeeignet ausgerüstet herumstolziert. Ich solle mich mal mit dem Schwarzen ins Benehmen setzen, denn dort fände ich Kraft und vor allem angemessenes Schuhwerk. Dieses würde ich brauchen, denn ein menschlicher Entwicklungsweg würde einer Bergwanderung sicher eher entsprechen als einem Spaziergang am Strand.

Wie recht sie doch hatte.

Also geht es mal wieder darum, das Rechte zur rechten Zeit zu tun.

---

[61] Marie-Louise von Franz (* 4. Januar 1915 in München; † 17. Februar 1998 in Küsnacht bei Zürich) war eine Schweizer Altphilologin, Mitarbeiterin von C. G. Jung, praktizierende Psychotherapeutin sowie Dozentin und Lehranalytikerin am C.G. Jung Institut Zürich. Bekannt ist sie für ihre tiefenpsychologischen Deutungen von Märchen und alchemistischen Texten.

Spinner und Funktionäre

November 2009

Da hören wir immer wieder neue begeisternde Ideen, wie wir gesellschaftliche Entwicklung voranbringen können. Ja! So könnte es gehen. Lasst uns anpacken!

Es gibt wirklich viele kompetente Menschen, die mehr in ihrem Leben tun wollen, als sich wichtigmachen und sich die Taschen vollstopfen. Und doch gibt es letztlich wenige erfolgreiche und nachhaltige Projekte. Visionäre Ideen und konkrete Inszenierungen scheinen nicht richtig zusammen zu kommen. Warum eigentlich?[62]

Da haben wir die Visionäre, die – von begeisternden Ideen entflammt – von Jahrmarkt zu Jahrmarkt ziehen und immer neue Menschen berühren oder in Staunen versetzen. Sie tun sich schwer mit Praktikern, die Argumente der Schwerkraft konkreter Umsetzung bringen, die mahnen „kleine Brötchen zu backen". Würde das die Luft aus den Flügeln nehmen? Sind diese Pragmatiker kleinmütig und in Gewohnheiten und „Sachzwängen" verhaftet? „Das ist mir nicht genug nach den Sternen gegriffen" sagte einmal ein solcher Kongressmatador und schwang sich erneut zu weiten Horizonten auf.

Zerfällt nicht so die Welt in Visionäre und Funktionäre? Visionäre entschweben oft wie Heißluftballons, die unter ständiger Befeuerung mit Begeisterung Höhe gewinnen. Sie suchen ihre Bahnen in den Drifts des Zeitgeistes, und überlassen es anderen, Karawanen am Boden zu organi-

---

[62] Intendanten - Professionalität für gesellschaftliche Projekte - Thesenpapier von Bernd Schmid 10/2009.

sieren und sie nicht aus den Augen zu verlieren. Wer das Zeug dazu hat, könnte versucht sein, sich den kometenhaften Himmelskörpern anzuschließen. Wer nicht kann oder will, dem bleibt die Arbeit am Boden und im Hintergrund. Gehen da nicht oft gegenseitige Würdigung, ja sogar Funkkontakt verloren? Im negativen Fall stabilisieren sich entstehende Einseitigkeiten durch Polarisierung gegenseitig. Aus Visionären werden "Träumer" oder „Geltungssüchtige Spinner" und aus Protagonisten konkreter Inszenierungen „einfallslose Technokraten" oder „macht- und profitsüchtige Funktionäre". Aus potentiellen Partnern werden „Pappkameraden". Ich ballere auf sie, also bin ich!

Für eine Rückbesinnung können Metaphern aus der Jung'schen Psychologie hilfreich sein. Wer für seinen Auftritt übermäßig Licht beansprucht, drängt andere in den Schatten, aus dem heraus dann irritierende Mächte wirken. Ist nicht die Individuationsaufgabe, „den Traum der Seele zur Wirklichkeit des Herzens zu machen"? Braucht man dazu Blendwerk am Himmel oder nicht eher Leuchten auf dem Weg? Klar, man soll den Kopf über die Wolken bekommen, um klare Sicht auf weite Perspektiven zu erlangen. Doch sollen gleichzeitig die Füße festen Grund fassen, denn es heißt nicht zufällig Fortschritt. Und wenn einer dafür nicht groß genug ist, müssen wir halt aufeinander stehen. Doch gelingt diese Übung nur, wenn wir eng und vertrauensvoll zusammenarbeiten. Das Bewusstsein notwendiger Kooperation hilft, uns in den Gestaltungsprinzipien, im Rhythmus, im Inszenierungsstil, in der Nutzung von Ressourcen auf Augenhöhe abzustimmen. Nachhaltigkeit kann nur gemeinsam gelingen und allen steht Würdigung zu.

Und Würdigung müsste eigentlich in beliebiger Menge zur Verfügung stehen. Sie können wir Umwelt- und Menschenfreundlich vermehren.

Professionelle und Dilettanten

Januar 2011

Ach, wie habe ich mich in meiner wachsenden Professionalität gesonnt! Gerne war ich auch überzeugt davon, dass man die Probleme unserer Gesellschaft nicht dilettantisch angehen darf. Nun hatte ich mich ja auch über Jahre intensiv weitergebildet[63] und war meist leidenschaftlich dabei. Professionell versiert zu sein und anderen zu zeigen, was geht, war zu einer wichtigen Quelle meines Selbstwertgefühls geworden.

Nun, auch das hat sich ausgewachsen. Ich habe schließlich gemerkt, dass für die Kompetenz- und Selbstverständnismehrung in unserer Gesellschaft viel wichtiger ist, Menschen im guten Kontakt mit ihrer Wesensart, in ihrer Lebenserfahrung, in ihrer eigenen Urteilskraft, in ihren Potentialen und eigenen Lernstilen, in ihrem unverwechselbaren Temperament und ihrer schöpferischen Kraft zu bestärken. Wichtiger als „Richtiges" oder Beeindruckendes vorgemacht zu kriegen, sind Neugierde und gemeinschaftliche Lernkultur, in der jeder zu sich und zum gemeinsamen Lernen mit anderen findet. Aus Diversität auf Augenhöhe zu schöpfen ist wichtiger, als gültige Ansichten zu propagieren oder Anhänger um sich zu scharen. Menschen in Dialoge zum eigenen Wesen und Wirken zu

---

[63] Gruppendynamik, Gestalt und Körperarbeit, Klientzentrierte Gesprächstherapie, Psychodrama, Ericksonsche Hypnotherapie und NLP, Jungsche Tiefenpsychologie, Transaktionsanalyse und systemische Therapie, siehe hierzu ausführlich in B. Schmid: Psychotherapieschulen und ihre Schlüssel-Ideen. Gründer, Stories, Extrakte (Lesebuch 1), München 2016.

bringen, ist hilfreicher als pseudowissenschaftliche Aufblähung, Entertainment, Verehrung von Ikonen oder Stilisierung als Elite. Jede Überbetonung professioneller Perspektiven ohne Verantwortung für Integration und das Zusammenspiel mit anderen kann Imperialismus und Kolonialismus im Kleinen bedeuten. Man lebt dann auf Kosten anderer Perspektiven und beansprucht Ressourcen, die an anderer Stelle besser eingesetzt wären.

Daher hat sich mein Begriff von Professionalität auch gewandelt. „Professionell Sein" heißt, sich in einem Beruf beheimatet haben, in einem Berufsfeld zu sich gefunden zu haben. Professionalisieren heißt „Kompetenzen und Eigenarten in ein Berufsverständnis und in Berufswelten integrieren". Hierfür können wir meist auf vielfältige, aber noch nicht in alle Persönlichkeitsbereiche übertragene Kompetenzen zurückgreifen. Nehmen wir als Bespiele Krankenpflege oder Wirtschaften. Im Beruf bedeutet dies etwas anderes als im Privatleben. Doch sind die meisten damit verbundenen Kompetenzen ähnlich. Sie müssen meist nur auf neue Kontexte zugeschnitten und in dort passenden Rollen eingefügt werden. Dies gilt übrigens in beide Richtungen. „Privat Sein" heißt dann, sich in seinem Privatleben beheimatet haben, in seinen Privatwelten zu sich gefunden zu haben.

In den meisten wichtigen Dimensionen des Lebens bleiben wir alle Dilettanten.

Dilettare (lat.) heißt „etwas aus Liebhaberei tun". Dilettanten können oft berufliche Tätigkeiten sehr wohl qualifiziert ausüben, doch erfordern diese als Profession eine andere Einbettung. Zu oft wird Berufsbildung viel zu schmalspurig auf Neuerwerb von Fachwissen und spezifische Kompetenzen ausgerichtet. Doch bei Professionalität zählen nicht nur Wissen und Kompetenz, sondern auch Wachsamkeit für eigenes Tun und Kontexte, sorgfältiger

Umgang mit Verantwortung, Entwicklung eines stimmigen und aufrichtigen Zusammenspiels mit anderen, alles vor dem Hintergrund einfachen Menschseins und aufrichtiger Lebensführung.

Jeder, der in bestimmten Dimensionen als professionell gilt, ist also gleichzeitig Dilettant, Amateur, Laie in anderen Dimensionen[64]. Eigentlich haben wir es immer mit Mischungen zu tun. Hilfreich ist, wenn deutlich wird, wo jemand wirklich Expertise zu bieten hat und was das wie und wem nützen kann und wo bei näherem Hinsehen im Schatten vorhandener Expertise Amateuransichten zum Besten gegeben werden. Amateuransichten sind gleichwohl wertvoll, gehören aber genauso geläutert wie Expertise. Unwissenheit und Borniertheit sind Feinde privater wie beruflicher Lebenskultur. Im Dialog zwischen Professionalität und Dilettantismus müssen sich beide relativieren und so ins Leben integrieren. Da ist es nur konsequent, wenn in den Curricula des isb die unterschiedlichsten Individuen, Altersgruppen, Kompetenzprofile, Berufsausrichtungen und Lebensanschauungen, Organisationstypen und Branchen Lerngemeinschaften bilden und sich gegenseitig bereichern. Kollegiale Beratung ist einer der wichtigsten Schlüssel dafür.[65]

---

[64] Ein Dilettant ist ein Liebhaber einer Kunst oder Wissenschaft, der sich ohne schulmäßige Ausbildung und nicht berufsmäßig damit beschäftigt. Als Amateur oder Laie übt er eine Sache um ihrer selbst willen aus, also aus Interesse, Vergnügen oder Leidenschaft und unterscheidet sich somit von einem Fachmann. Dabei kann er vollendete Kenntnisse und Fertigkeiten erlangt haben; solange er die Tätigkeit nicht beruflich bzw. für seinen Lebensunterhalt ausübt oder eine anerkannte einschlägige Ausbildung absolviert hat, gilt er als Dilettant.

[65] B. Schmid, T. Veith und I. Weidner: Einführung in die kollegiale Beratung- Carl Auer Systeme Verlag 2010.

Expertokratien?

Januar 2011

Offensichtlich sind elementare Probleme unserer Gesellschaft durch „Expertokratien" nicht zu lösen. Schon aus finanziellen Gründen können zentrale Anliegen einer Wohlfahrtsgesellschaft, können z.B. Altenpflege, Gesundheitsfürsorge, Einbettung und gegenseitige Absicherung in Gemeinschaften, Engagement für die Umwelt, Schutz von Demokratie und Rechtswesen, Verhinderung von Ausbeutung und Missbrauch aller Art nicht Fachleuten und bezahlten Diensten allein überlassen bleiben. Die Kassen, aus denen dies bezahlt werden soll, bluten ohnehin aus.

Zum Glück gibt es eine schier unendliche Ressource an Bereitschaft sich zu engagieren, wie sich in hunderttausenden von ehrenamtlichen Engagements zeigt. Was ist dabei die Funktion der Professionellen? Es macht keinen Sinn, wenn Professionelle einfach dasselbe tun wie Laien, nur vielleicht besser, in jedem Fall aber teurer. Vielmehr müssten Fachleute ihr Wissen aufbereiten und allen verfügbar machen, Rahmen pflegen und Bühnen bereiten, auf denen Laien die Hauptrollen spielen. Stattdessen werden verbreitete Kompetenzen zu geldwerten Leistungen und zu Marken erhoben und möglichst vor Nutzung durch andere geschützt. Durch Aufblähung und irreführende Etiketten werden Alleinstellungsmerkmale und entsprechend gesellschaftliche Ressourcen beansprucht. Auf der anderen Seite sind viele gesellschaftliche Engagements durch unnötig schlechte Ausstattung und Sisyphus-Dynamik gekennzeichnet. Immer wieder wird das Rad neu erfunden. Von der Professionellen-Fraktion werden

Laien oft genug abschätzig behandelt und allein gelassen. Was macht derlei Prozesse für Profis so langweilig? Was trennt die Welten? Was muss geschehen, dass Profis interessiert bleiben und Laien nicht immer wieder von vorne anfangen? Professionelle als Dienstleister für Dilettanten?! Professionelle als Intendanten[66] für Laientheater?!

Dies gilt sicher in Gesellschaftsbereichen, in denen die wesentliche Wirkung sowieso nur durch Laien erzeugt werden kann. Doch auch dort, wo ohne Fachkompetenz nichts geht, darf diese sich nicht vom Dialog mit Laien und Dilettanten lossagen. Sonst verschafft sich Volkes Wille pöbelhaft Geltung.

Im Übrigen: Was soll die Menschen eigentlich letztlich ausfüllen, wenn nicht die Verantwortung für ihre Welt und die Gestaltung ihres Lebens darin?

---

[66] B. Schmid (2009): Intendanten-Professionalität (Schriften Nr. 808).

Reformierbar?

Mai 2012

„Kein Geld in Systeme, die sich nicht erneuern!"
(Kretschmann, Ministerpräsident BW)

Oder allgemeiner: kein Kraft- oder Ressourceneinsatz, der nur dazu dient, ein nicht lebenstüchtiges System in Betrieb zu halten. Und solche Verhältnisse gibt es vielerorts.

Ein Beispiel: Von engagierten Mitarbeitern einer Bildungseinrichtung wurden wir angefragt, ob wir nicht eine entstehende Initiative unterstützen könnten. Immer mehr Mitarbeiter (Lehrende wie Administratoren) würden wegen nicht mehr erträglichen Belastungen und deren Auswirkungen auf Leistung und Lebensqualität persönliche Unterstützung bei ihnen anfragen. Bislang gäbe es für so etwas keinen Auftrag, kein Betreuungskonzept, keine Kapazitäten und auch keine Mittel. Wir hätten doch Zugang zu vielen Beratern, die für eine gute Sache auch mal ehrenamtlich tätig würden, zumindest bis sich die Initiative bewährt hätte, bis Notwendigkeit und Nutzen auch von der Einrichtungsleitung erkannt und Mittel verfügbar gemacht würden.

Ja, im Prinzip gerne. Für eine gute Sache sind wir immer zu haben. Doch ist die Sache gut? Welche Funktion hätte das Ganze?

Es stellte sich heraus, dass sich diese Bildungseinrichtung – genährt durch einen anfänglich satten Strom an öffentlichen Mitteln und Sponsorengeldern – enorm aufgebläht hatte. Apparate, Liebhabereien, Luxusausstattungen und öffentlichkeitswirksame Auftritte waren ausgebaut worden. Die geleistete Bildung wuchs quantitativ wie qualitativ nicht mit. Das sollte alles noch kommen und dem sollte ein gepflegtes Niveau der Einrichtung dienen. Doch wir bekamen irgendwie Bilder von luxuriösem Wohlleben und Hofhaltung nicht aus unseren Köpfen. Zumindest blieb fraglich, wie gewissenhaft die propagierten Leistungen und gesellschaftlichen Beiträge mit vertretbarem Ressourcenaufwand und in annehmbarer Qualität entwickelt wurden. Erwartungen weiteren Wachstums nährten Hoffnungen, man könne Fehlentwicklungen später korrigieren. Zu viele spielten mit, solange solche Illusionen hielten.

Nun war die Blase geplatzt. Eine neue Leitung sollte den Kurs der Einrichtung Richtung solides Wirtschaften und Nachhaltigkeit korrigieren. Doch waren nicht Strukturen, Anrechte und Gewohnheiten entstanden, mit denen eine Rückkehr zur Vernunft absehbar schwer möglich war? Blieb nicht fraglich, ob hinreichend Einsicht, Entschlossenheit und Kompetenzen verfügbar waren? Die Reformen reichten vermutlich bei weitem nicht aus. Dann waren weitere chronische Überlastungen der Verantwortungsbewussten in diesen Strukturen unausweichlich. Sollten wir hier einspringen? Hatten wir es mit einem Subventionsjunkie zu tun? Würden wir dann weiteren Stoff liefern? Würde das notwendige weitere Therapie auf Systemebene hinauszögern? Wäre das –gutgemeint- ein Bärendienst?

Wahrscheinlich könnten nur viel härtere Einschnitte die Voraussetzung schaffen, dass Nachhaltigkeit in dieser Einrichtung erreicht werden könnte. Auf dieser Basis könnte Unterstützung Organisationsentwicklung fördern und nicht nur chronische Mängel kompensieren helfen. Eine neue Anschubinvestition könnte dann gerechtfertigt sein, selbst wenn dabei auch Lücken gefüllt werden – eine Art Methadon-Programm, sorgfältig kontrolliert und im

Dienste neuer Lebenstüchtigkeit. Dann gerne auch Coaching. Allerdings blieben neben Personalentwicklungsmaßnahmen Organisationsentwicklung und Organisationskulturentwicklung entscheidend.

Doch Reformen sind schwierig, selbst wenn ihre Notwendigkeit klar ist. Wie kann man nach falschen Prinzipien entstandene Strukturen und eingeschliffene Kulturgewohnheiten umgestalten? Ist es nicht einfacher, solche Systeme abzuwickeln und neu zu bauen? Natürlich ist es gut, dabei so viel wie möglich für weitere Verwendung zu erhalten oder zu recyceln. Und wäre es nicht besser, wenn andere woanders neu anfangen, um der Magie der Süchte und Gewohnheiten zu entrinnen? Klingt irgendwie hart. Und das von einem wie mir, der sich Entwicklung verschrieben hat. Aber kann man sich eben nicht auch übernehmen und deshalb -gut gemeint- Schlechtes tun? Wenn für ein System die Zeit um ist, erst Dekonstruktion, dann Neukonstruktion! *„Manchen Systemen kann man nur dadurch helfen, dass man ihnen nicht hilft!"* (unbekannte Quelle). Müsste das nicht auch zum Repertoire gehören?

Wenn eine Organisation, wenn eine veraltete Lösung der Evolution sterben muss, muss das kein Weltuntergang sein. Nur wenn man sich übermäßig damit identifiziert und sich vor anstehenden Umwälzungen fürchtet. Menschen untergehen lassen wäre inhuman, Anhaftungen und Ansprüchlichkeiten untergehen lassen, weniger. Ist das nicht manchmal unumgänglich, wenn noch größerer Schaden abgewendet werden soll? Ist „Schrecken ohne Ende" die humanere Lösung?

Alles keine neuen Überlegungen! Das gebe ich zu. Vielleicht geht es auch mehr um emotionale Verarbeitung. Es fällt schon schwer „hartherzig" zu sein, zumal die, denen man Hilfeleistung verweigert, nicht die sind, die für die Misere verantwortlich sind. Oft sind sie mehr Opfer und nur in geringem Maß Mittäter, haben sie nicht genügend Einblick in die Zusammenhänge und Einfluss auf die Stellgrößen. Daher macht es betroffen, wenn man zu dem Schluss kommt, dass ihr System so nicht entwicklungsfähig ist und man ihnen deshalb Ressourcen verweigert. Sie selbst sind verständlicherweise mehr identifiziert und spüren dies bei aller Vernunft als persönliche Botschaft. Ihnen ihr Ungemach zumuten, ist nicht einfach.

Tröstlich wäre, wenn man wüsste, dass nach dem Tod des bisherigen Systems etwas neues, etwas Besseres aus den Trümmern erwachsen wird. Doch man muss sich eben auch dem Ende stellen, wenn es nichts als ein Ende ist. Keine leichte Lektion.

Schuld und systemisch?

Juli 2010

Heute erreicht mich die Mail eines Kollegen mit ihm offenbar brennenden Fragen:

Wie gehen Systemiker mit Schuld um? Und kennt systemische Beratung überhaupt einen Schuldbegriff? Inwieweit unterscheidet der sich von strafrechtlicher Schuldzuweisung? Gibt es aus systemischer Sicht theoretische Konzepte, Regeln, Analyseraster, Vorgehensweisen, um der Identifikation von Schuld und Verantwortung - oder genauer Verursachung - näher zu kommen?

Sicher wären diese Fragen ausführliche Untersuchungen wert. Spontan antworte ich aus meinem direkt greifbaren Gedankengut. Also O-Ton, denn letztlich stehen solche Mosaiken von Ideen, Erfahrungen und Meinungen für unsere konkrete Wirkung.

In den 1970er und 1980er Jahren flüchteten sich nicht wenige Systemiker in Neutralität, was sie mit der Relativität von Wirklichkeit begründeten. Oder war es vielleicht eher umgekehrt? Flüchteten sich Werte- oder Bindungsunsichere, Rebellische und/oder Belastete in eine Neutralitätszone, für die sie systemische Rechtfertigungen nutzten? Von begeisternden Zeitgeistströmungen ergriffen, erlaubte sich die Szene manche Naivität und Überheblichkeit. Ich erinnere mich an die Kontextvergessenheit eines namhaften Systemikers, der Managern Neutralitätshaltungen predigte und deren Einwände, dass sie dafür nicht bezahlt würden, für Anschauungsträgheit hielt.

Dann kam das Postulat: „Handle so, dass sich die Anzahl der Optionen vergrößert!", eine Art Freiheitsmythologie, die mehr **Freiheit von** als **Freiheit für** betonte.

119

Gut, was die Verengung der Evolution jeder Art betrifft. Unzureichend für die Orientierung in unserer Multioptionsgesellschaft. Schließlich merkte man, dass die Inflation der Deutungsmöglichkeiten und der inflationären Einbeziehung möglicher Zusammenhänge auch zur Blasenbildung einlud. Die Herstellung von intelligenter Übersichtlichkeit und Handlungsfähigkeit wurde als Herausforderung wieder deutlich. Damit kehrte die Frage der wertgeleiteten Auswahl der Prämissen mit Implikationen und Konsequenzen zurück. Jede gewählte Wirklichkeit wird an der ausgesonderten Wirklichkeit schuldig. Manchmal dachte ich, das könnte man „Erbsünde" nennen. Doch schon der Begriff Schuld weckt oft empfindliche Reaktionen, von Sünde ganz zu schweigen. Aber: Kein Grund zu schlechten Gefühlen, vielmehr zum Streit über Werte oder wenigstens über Prioritäten.

Wir brauchen Menschen mit Überzeugungen und sollten reflektierende Überzeugungsgemeinschaften pflegen. Dass es die Wahrheit nicht gibt, ist in unseren Sphären mittlerweile trivial. Dennoch fällt es vielen Menschen schwer, persönlich absolut überzeugt zu sein, ohne in Weltanschauungsimperialismus zu verfallen. Reichen ihnen persönliche Gewissheiten nicht? Müssen es Wahrheiten sein?

Im systemischen Feld entstand nach und nach ein Bewusstsein dafür, dass dann, wenn Wirklichkeit menschengemacht ist, Menschen eben auch eine besondere Verantwortung dafür haben, welche Wirklichkeit sie machen. Dies schließt Mitmachen, Dulden, Profitieren, Unterlassen und Wegsehen ein. Insgesamt kommen aus der systemischen Ecke kaum Beiträge, außer eben Meta-Werte. Die konkreteren müssen wir uns aus anderen Wertesystemen holen. Als Zeitgenossen abendländischer Kultur kennen wir den Schuldbegriff und benutzen ihn im positiven Fall zu der Frage, was wir uns und anderen schuldig bleiben könnten und wie damit konstruktiv und verantwortlich umgegangen werden kann.

Lange glaubte ich, eine Gesellschaft könne über individuelles Werte-Empfinden gesteuert werden. Heute meine ich wie unser Alt-Bundespräsident Köhler, dass wir aus vielen Selbstverständlichkeiten des Anstands immer wieder herausdriften und aktiv etwas tun sollten, zu einem "So etwas tut man nicht!" zurückzukehren oder voranzuschreiten. Werteregeln und Selbstverständlichkeiten, die durch Bestätigung und Ächtung stabilisiert werden, helfen unserer gelegentlich wertevergessenen Gesellschaft. Ansonsten greifen wir auf Bewährtes zurück, z.B. auf den Kant'schen Imperativ, den Norbert Copray[67] so erweitert hat: "Handle so, wie Du vom anderen behandelt werden möchtest, wenn Du auf ihn angewiesen bist." Was Schuld, strafrechtliche Fragen u.ä. betrifft, sehe ich die Systemiker nicht außerhalb unseres gesellschaftlichen Regelsystems.

Für Systemiker sind die Zeiten von Anfangs-Vereinfachungen und -Polarisierungen, die jungen, noch unsicheren Strömungen Schonraum und Identität bieten, vorbei. Schade eigentlich, denn Anfangs-Dynamik ist auch erfrischend und fürs jugendliche Selbstgefühl erhebend. Wir sind bei der Wirklichkeit der konkreten Verhältnisse und damit wieder beim Umgang mit Schuld angekommen[68]. Wenn wir etwas mit zu verantworten hatten und mit Versäumnissen leben müssen, ist Schuld treffend. Wenn wir glauben noch konstruktiv etwas tun zu können, sprechen wir lieber von Verantwortung.

---

[67] **Norbert Copray** (* 5. August 1952 in Hildesheim) ist ein deutscher Philosoph, Sozialwissenschaftler, Theologe, Führungs- und Lehrcoach sowie Publizist. Er ist außerdem Geschäftsführender Direktor der Fairness Stiftung gemeinnützige GmbH, die bereits oben erwähnt wurde.

[68] Angelika Glöckner: Frei von falschen Schuldgefühlen. Fehler erkennen - Selbstzweifel loslassen, Freiburg 2003.

Jedem Einzelnen und der Gesellschaft bleibt die Herausforderung, zwischen Dogmatismus und Beliebigkeit, zwischen Herrschaftsmoral und Verwahrlosung, zwischen anything goes und verbindlicher Werteordnung einen Weg zu finden und verantwortlich Dialog zu halten. Da es bei Werten als extra Thema leicht zu sonntäglicher Ergriffenheit unter der Kanzel kommt, von der am Montag wenig bleibt, leisten wir unseren Beitrag dadurch, dass wir uns diesen Dimensionen im Rahmen konkreter beruflicher Fragestellungen und Identitätsbildung widmen.

Verantwortung

Oktober 2016

Der Begriff „Verantwortung" taucht oft auf, wenn dieselbe gefehlt zu haben scheint. Dann muss jemand zur Verantwortung gezogen werden. Er tritt ab oder wird gestraft. Wird ein Missstand offenbar, werden Verantwortliche gesucht, also Schuldige benannt. Dann sind andere unschuldig, und die Sache ist erledigt. Mit Verantwortungsbereichen meint man oft nur Machtbereiche. Eine Organisation übernimmt die Verantwortung für einen grausamen Terroranschlag: eine perverse Aussage.

Um den Begriff Verantwortung positiv in Augenschein zu nehmen, nähere ich mich zunächst dem Verb „antworten".

Man muss antworten **können** – eine Frage der Qualifikation und der Verfügung über andere Ressourcen.

Man muss antworten **wollen** - oft eine Frage der Engagiertheit und der Wertorientierung

Man muss antworten **müssen** - eine Frage der eingeforderten Zuständigkeit

Man muss antworten **dürfen** - eine Frage der Autorisierung

Vor diesem Hintergrund erscheint Verantwortung als ein Bündel bestimmter Perspektiven; Fragen danach, wer in einer Organisation welche Art von Antworten geben kann, darf, will und muss (Abbildung).

PERSON | ORGANISATION

... WOLLEN
(WERTE)

... DÜRFEN
(AUSSTATTUNG)

VERANTWORTEN
HEIßT:
ANTWORTEN
GEBEN

... KÖNNEN
(QUALIFIKATION)

... MÜSSEN
(ZUSTÄNDIGKEIT)

Vier Dimensionen eines Verantwortungssystems

Entstehen Grundfragen, etwa die nach der Steigerung der Effizienz, aber auch nach der Lebensqualität und Würdigung von Menschen in einer Organisation, müsste geklärt werden, wer sich bezogen darauf welche Art von Fragen stellen sollte, für Antworten zuständig ist bzw. an welcher Art von Antworten gemessen wird. Ich denke zum Beispiel an Ressourcen-Verantwortung in Führungsbeziehungen. Nehmen wir einen Chef, der immer wieder neue höchste Dringlichkeiten definiert. Die von gestern und vorgestern sind allerdings nicht abgearbeitet oder womöglich noch nicht einmal in Angriff genommen und die vom letzten Quartal, die mit großem Engagement, mit Geld- und Zeiteinsatz angegangenen wurden, versanden einfach.

Ich denke auch an Verantwortung in Beratungsbeziehungen. Einem unerfahrenen Kunden können umfangreiche Bildungsmaßnahmen oder ein großangelegtes Organisationsentwicklungs-Projekt verkauft werden. Krisengeplagt wie er ist, erhofft er sich die Lösung aktueller Probleme und anhaltende Organisationsverbesserungen. Bei Licht besehen kann dies durch die verkauften Maßnahmen nicht geleistet werden. Vielleicht kostet das Projekt den Kunden zusätzliche Kraft und betont bestimmte Teilbelange, oder es lenkt die Aufmerksamkeit auf Themen, die manches verändern, aber die Entwicklung insgesamt eher belasten als fördern.

Welche Verantwortung haben wir Berater für die Nützlichkeit und Verträglichkeit unserer Dienstleistungen? Keine leichte Frage, da Zuständigkeiten, Wirkungen und Wechselwirkungen oft schwer abzuschätzen sind. Angesichts des Komplexitätsgrades moderner Organisationen scheint es zweckdienlich, von einem Anspruch auf Gesamtverantwortung abzusehen und stattdessen ein komplexes System vernetzter Verantwortungen zu etablieren.

Dabei gilt es zwei Perspektiven zu unterscheiden:

Verantwortung für meint, sich den entscheidenden Fragen zu stellen, die in einem Ressort oder einer professionellen Rolle gestellt und beantwortet werden müssen.

Verantwortung bezogen auf meint, die Grundfragen, Zwecke und Zuständigkeiten der anderen Professionen oder Ressorts in einem Unternehmen zu kennen und darauf bezogen zu handeln.

Zur Illustration ein kurzes Beispiel: Die langjährige Politik der Personalentwicklung, für die die Personalabteilung als verantwortlich angesehen wird, ist den Führungskräften in der Linie nicht egal, auch wenn sie nicht dafür verantwortlich sind. Dem Personalentwickler als Zuständigem für langjährige befriedigende Entwicklung von Mitarbeitern ist es nicht egal, wenn das Engagement junger Mitarbeiter in fehldimensionierten Projekten verbraucht wird, auch wenn er für die Einführung von Projektmanagement nicht verantwortlich ist.

Verantwortung in einer komplexen Organisation funktioniert nur als System komplementärer, zueinander passender Verantwortung (Abbildung).

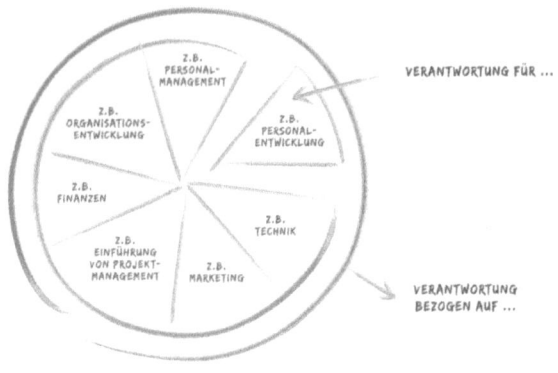

Komplementäre Verantwortung in Organisationen

Um Störungen in einem solchen System zu beschreiben, fallen mir Begriffe ein wie:

Verantwortungsisolation: Der Zimmerservice auf der Titanic ist ohne Tadel oder technische Perfektion, ist Trumpf, auch wenn dieser kaum jemandem wirklich dient.

Verantwortungserosion: Die wesentlichen Fragen der Organisation werden überhaupt nicht beantwortet. Unüberschaubarkeit, Unkenntnis, Illusionen und Täuschung verschleiern den Mangel. Plötzlich scheinen so genannte harte Schnitte notwendig. Doch kommt es zur Sanierung des Systems komplementärer Verantwortung?

Verantwortungskonfusion: Man fühlt sich für die Balance anderer verantwortlich und vernachlässigt dabei die eigenen - ein häufiges Problem bei Beratern. Sie übernehmen Verantwortung für Management und Führung. Komplementär ziehen sich Ergebnis- und Führungsverantwortliche auf die Funktion von Auftraggebern, Schirmherren, Beiräten oder Beratern zurück.

Der Begriff der komplementären Verantwortung[69] gibt Anlass, darüber nachzudenken, wie Isolation, Erosion und Konfusion in Sachen Verantwortung überwunden werden können. Durch eine klare Berücksichtigung der Systemgrenzen in Verantwortungssystemen wird Verantwortung spezifisch, aber auch anschlussfähig.

Es geht also um die Balance, spezifisch den eigenen Verantwortungsbereich auszugestalten, aber auch aus dieser Perspektive heraus Vorstellungen von den komplementären Verantwortlichkeiten der anderen zu entwickeln und mit diesen in Auseinandersetzung zu treten. Die in unserer Professionskultur übliche Form des Beratungskontraktes fokussiert genau diesen Punkt, komplementäre Verantwortungen zu vereinbaren, darüber in Kommunikation zu bleiben und das wechselseitige Ausfüllen der Verantwortung anzumahnen, ohne sich in die Verantwortung des anderen einzumischen oder diesen zu bevormunden.

Bei Beratern beobachte ich einerseits eine Scheu, ihren Kunden komplementäre Beiträge abzuverlangen, ohne die Organisations- und Personalentwicklung nicht erfolgreich sein kann. Auf der anderen Seite aber die Bereitschaft, Zuständigkeiten ersatzweise zu übernehmen. Dies mag kurzfristig als notwendiges Engagement richtig erscheinen, doch müssen die Folgen für die Verantwortungskultur im Unternehmen mitbedacht werden.

---

[69] B. Schmid & J. Hipp (1997):. Innovation in Szene setzen. - Design und Regie für Management und Beratung am Beispiel integrierter Personalarbeit (Schriften Nr. 21) sowie B. Schmid & J. Hipp (1998): Macht und Ohnmacht in Dilemmasituationen (Schriften Nr. 024).

Integrationsverantwortung

Mai 2008

Integration und Verantwortung. Damit möchte ich die beiden Hauptmentalitäten zusammenfassen, die heute benötigt werden und für die wir Verhaltensweisen, Denkfiguren, Inszenierungsdesigns in vielen Dimensionen entwickeln müssen. Mit Schwarz-Weiß-Denken, mit dualen oder gar polaren Positionierungen und entsprechenden Partialoptimierungen zu Lasten anderer Perspektiven geht es nicht. Jeder ist verantwortlich, integrationsgeeignete Antworten zu finden, wozu er integrationsgeeignete Fragen stellen muss.

Wir müssen solche Antworten geben, die uns helfen, auseinanderstrebende Dinge zusammenzuhalten, neu zusammenzufügen und dabei ins rechte Verhältnis zueinander zu bringen. Dazu dürfen wir nicht in europäischer Tradition unser Selbstverständnis auf Abgrenzung aufbauen, dürfen nicht beanspruchen, mit etwas Neuem, bisher nicht da Gewesenem aufwarten zu können. Ich habe dafür an anderer Stelle[70] ein Bild verwendet: „Die Zusammenstellung macht den Blumenstrauß einzigartig und nicht der Anspruch, Blumen zu enthalten, die in anderen Bouquets nicht zu finden sind."

Es geht um Identität nicht durch Abgrenzung, sondern durch Komposition.

Dazu muss man sich der geistig-emotionalen Anstrengung unterziehen, sich auch in einer fragmentierten Welt nicht in Polaritäten zu flüchten. Es liegt so nahe, die Welt schwarz-weiß zu zeichnen und sich auf die Lichtseite zu

---

[70] B. Schmid (2004): Identität und Abgrenzung.

schlagen. Es liegt so nahe, eine Teilperspektive aufzublähen, um Wichtigkeit zu betonen.

Wir bewegen uns in einer Zeit, in der Integration Not tut. Mit dem Schüren von Polaritäten und Einseitigkeiten schädigt man sich und andere. Sie anderen zu überlassen ist ein Versäumnis.

Kultur entsteht durch Kultur und Beispiele machen Schule.

Auf der Suche nach der verlorenen Verantwortung[71]

Perspektiven für eine ganzheitliche Entwicklung von Verantwortungskultur

Verantwortung (Schmid/Messmer 2004a) heißt, Antworten zu geben - wohl in einer engagierten verbindlichen Art, was die Vorsilbe „ver-" signalisiert. Kultur (Schmid 1996) meint die Selbstverständlichkeiten des Zusammenlebens, nicht die propagierten, sondern die gelebten. Zur Würde des Menschen gehört, sein Leben zu verantworten. Dass jeder dabei unentrinnbar in gesellschaftliche Entwicklungen verwoben ist, könnte nur mit Scheuklappen (Schmid 2004) übersehen werden. Es bleibt uns nichts übrig, als gesellschaftliche Entwicklungen ebenfalls zu verantworten.

Woher sollen die Antworten kommen? Unterprivilegierte sind oft dumpf desinteressiert und ohnehin dafür weniger gut ausgestattet. Privilegierte spüren vielleicht nicht genug Notwendigkeit und sind ohnehin mit scheinbar Interessanterem beschäftigt. Privilegierte müssten also Einsichten und Werte entwickeln und umsetzen, um sich der ihrer Vorzugsstellung gemäßen Verantwortung zu stellen. Versuche der Unterprivilegierten, sich einer Mitverantwortung zu entziehen oder die Privilegierten mit problematischen Mitteln unter Druck zu setzen, verstärken die ohnehin schwer steuerbaren Umbrüche. Noch könnten wir uns aufrechten Ganges dorthin bewegen, wohin uns sonst das Schicksal auf Knien schleifen wird.

---

[71] Erschienen im Oktober 2011 in perspektive:blau – ein Online Wirtschaftsmagazin.

Doch die Wege sind weit. Im Jahre 1997 habe ich zum Thema „Verantwortung für den Menschen in der Personalarbeit" bereits viele Fragen gestellt (Schmid 1997). Sie wurden 2008 in aller Frische neu veröffentlicht. Sie waren beileibe nicht überholt. Mein Text *Auf der Suche nach der verlorenen Würde* (Schmid 1991) hatte dieser Tage 20sten Geburtstag.

Unsere Zeit konfrontiert uns mit bedrängenden Fragen. Haben wir Antworten darauf? Haben wir uns wenigstens aufgemacht, nach Antworten zu suchen? Gibt uns der eingeschlagene Weg Zuversicht? Oder stellen wir wenigstens die richtigen Fragen? Sind die richtigen Leute mit diesen befasst? Fließen genügend Ressourcen hinein? Wer neigt nicht dazu, eine Vogel-Strauß-Stellung einzunehmen? Wir tun dies nicht immer, aber wahrscheinlich noch zu oft. Es ist ja schwer erträglich, sich so vielen aufgestauten Problemen zu stellen. Und wenn man in der Problemflut untergeht, ist auch niemandem geholfen. Dynamische Entwicklungen allerorts übersteigen unsere Gestaltungskompetenz und Gestaltungskapazität. Steht hier David gegen Goliath? Ist es angesichts dessen nicht umso trauriger, wenn Heerscharen von kompetenten jungen Menschen Spielcasinos mit Gesellschaft, Moneymaking mit einem engagierten Bewirtschaften von Ideen und Profit mit dem wirtschaftlichen Gestalten eines humanen Lebens verwechseln?

Einen jungen Verwandten, der nach England aufbrach, um Banker zu werden, mahnte ich spontan: „Ich hoffe, Du willst mehr im Leben werden als bloß Millionär!" Er schaute mich verwirrt an, aber ich hatte auch das Gefühl, dass seine Seele aufhorchte. Nur ein Achtungserfolg? Ich weiß, man sollte nicht altväterlich und schon gar nicht „moraltriefend" daherkommen. Doch sollten wir auch nicht den Fehler unserer Väter- und Müttergeneration wiederholen, die vielleicht durch die moralische Verunsicherung des Dritten Reiches, vielleicht durch den anmaßend-aufmüpfigen Gegenwind der 68er Jahre den Mut verloren hat, mit uns Jüngeren über Werte, gutes Leben und menschliches Maß zu reden (Schmid 2009a).

In unseren Weiterbildungen (isb Wiesloch) finden sich Professionelle jeden Alters ein, die entgegen dem Anschein in den Medien und entgegen mancher derzeit skurriler Verhältnisse in Organisationen einen wirklichen Hunger nach sinnvoller Lebensführung zu erkennen geben. Und das nicht nur im Privatleben, das ohnehin oft zu kurz kommt, sondern gerade im Berufsleben, am Arbeitsplatz. Gleichzeitig neigen gerade die Leistungsstärksten und Engagiertesten dazu, frühzeitig auszubrennen und dann entweder auszusteigen oder in Resignation oder Zynismus zu kippen. Doch viele versammeln sich in unserem Netzwerk, um als leistungsfähige Professionelle weiter zu lernen und dabei die richtigen Fragen zu stellen. Sie erfreuen sich an einer „geistig-professionellen Heimat" und bleiben mit anderen zusammen in professionellen Gemeinschaften am Ball.

Ich möchte meine Sicht auf unsere gesellschaftliche Situation mit einer Metapher illustrieren. Manches mag etwas theatralisch wirken, doch ist es auch eine Frage der emotionalen Einstellung, worauf wir unsere Kräfte richten. Manches mag in unseren Breiten noch weniger dramatisch wirken. Und wer will schon zu den Schwarzsehern und Wehleidigen gehören? Doch führen uns Reisen durch weniger privilegierte Regionen dieser Welt dramatisch vor Augen, wie unwürdig Reichtum hinter Elektrozäunen ist. Dass Zäune das Elend überhaupt auf Dauer fernhalten können, ist unwahrscheinlich.

Wie konnte es soweit kommen? Das industrielle Zeitalter ließ uns noch die Hoffnung auf Beherrschbarkeit der

Evolution und auf letztlich mehr Wohlstand für alle durch kapitalistische Marktwirtschaft[72]. Man konnte sich noch eine auf den Weltmeeren kreuzende, verbesserte Titanic vorstellen. Auf dieser konnten die sich humanistisch verstehenden Berater ganz darauf konzentrieren, den Menschen von der mit Eierschalen belasteten persönlichen Entwicklung hin zu wahrer Autonomie zu befreien. Heute sind diese Illusionen geplatzt und wir müssen uns fragen, ob nicht schon solche Heilungsvorstellungen Ausfluss von irrationalen Machbarkeitsphantasien waren. Sie sind, zumindest was breite gesellschaftliche Wirkung betrifft, ebenfalls illusionär (Hillman/Ventura 1999).

Aber es ist viel schlimmer: Wir finden uns nicht in überlegener Zivilisation, sondern eher in einer Nussschale im unbeherrschbaren Ozean wieder. Oft ist die See ruhig, dann hofft man doch noch auf eine Luxusfahrt. Doch zeigen die Elemente ihre Kraft, dann herrscht an Bord erhebliche Verwirrung, wie und wohin man entkommen und vorankommen könnte[73]. Wer versteht es dann, Orientierung zu bieten? Und wem sollte an Bord welche Rolle eingeräumt werden? Ob die auf der Brücke kompetent sind, ist fragwürdig geworden, doch ob andere zu Recht Führung beanspruchen, ebenso. Seelenfänger aller Art bieten ihre Dienste an. Unter dem Schiff die Tiefsee, von der wir sowieso nur ca. 5% wirklich wissen, über uns das Weltall, für das die Aufklärungsquote nicht besser ist. In

---

[72] Dabei hätte mancher Ausspruch von John Maynard Keynes (1883-1946) stutzig machen können. So z.B.: „Der Kapitalismus basiert auf der merkwürdigen Überzeugung, dass widerwärtige Menschen aus widerwärtigen Motiven irgendwie für das allgemeine Wohl sorgen werden!" Allgemeine Theorie der Beschäftigung, des Zinses und des Geldes.

[73] Selbst Großbankvorstände denken darüber nach, mit anderen zusammen Äcker zur Selbstversorgung im Notfall zu kaufen.

uns glaubten wir die Genetik entschlüsselt, bis wir bemerkten, dass die 95% Geninformationen, die wir für Müll hielten, die Software sind. Sie werden jetzt unter dem Etikett Epigenetik erforscht. Um uns herum ein Naturgeschehen, dem wir erschütternd wenig wirklich entgegensetzen können.

Dennoch: Das Schiff muss gesteuert werden, soweit im Spiel dieser Kräfte Steuerung möglich ist. Und vielleicht ist es ein notwendiger Schock, wenn Machbarkeits- und Sicherheitsphantasien platzen. Zu viele hatten die Nase ganz schön oben und den Hintern ganz schön tief im Sessel. Es ist Zeit, wieder Engagement und Bescheidenheit zu lernen. Dann können wir dem Diktat der Beherrschbarkeit ein neues, aufgeklärtes Weltbild entgegenstellen, das kreative Gestaltung, aufeinander angewiesen Sein und sich anheimstellen, neu integriert. Da auf Dauer der Staat unsere Versorgung nicht sicherstellt und Expertokratien unsere Probleme nicht lösen, müssen und dürfen wir unser Schicksal wieder beherzt in die eigenen Hände nehmen. Wir müssen dies radikal und doch mit Augenmaß tun. Fundamentalismus jeder Couleur gießt nur Öl in ohnehin schwer zu begrenzende Brände. Wir brauchen eine neue Aufklärung, brauchen neue Koalitionen und Kooperationen auf allen Ebenen der Gesellschaft, einen kybernetischen d. h. integrativen Humanismus (Schmid 2011), wenn wir eine Chance haben wollen. Ein Zurück gibt es nicht. Vielleicht werden wir auf längere Zeit nicht bestimmen können, wo wir uns wirklich befinden und wie der neue Kurs sein soll. Was wir aber tun können, ist an Bord eine neue Kultur einzuüben, die das Aushalten von Unsicherheit, den Abschied von überkommenen Traditionen und die gemeinsame Entwicklung neuer Selbstverständnisse und Beziehungen integriert. Wir brauchen eine neue Verantwortungskultur.

Das Thema Verantwortung ist an sich schon kompliziert genug. Da ereilt uns die Einsicht, dass man es nicht isolieren kann. Verantwortung ist weniger ein eigenes Thema als eine Perspektive vieler Themen. Dabei verhält es sich wie mit der psychosomatischen Perspektive in einer Klinik. Will man sie bedienen, indem man eine Abteilung für Psychosomatik einrichtet und sonst alles beim Alten lässt, ist nicht viel gewonnen. Isolierte Themen und Maßnahmen gelingen leichter, dienen aber oft auch nur als Feigenblätter. Nein, die Perspektive „Psychosomatik" muss in allen Abteilungen der Klinik Bedeutung gewinnen, muss Welt- und Menschenbilder neu durchdringen. Berufliche Selbstverständnisse in vielen Rollen, Organisationen des Gesundheitssystems, Bezüge zur Umwelt, Finanzierungen, politische Absicherungen usw. müssen neu gefasst werden. Es ist zwar relativ einfach, auf Konferenzen psychosomatische Strohfeuer abzubrennen, doch es müssen dickere Bretter gebohrt werden, wenn die Perspektive Lebensgestaltung durchdringen soll.

Auch das Thema Verantwortung kann man ebenso wenig sinnvoll isoliert behandeln wie etwa das Thema demographischer Wandel (Schmid/Hohr 2007). Auch dort sind wir trotz Tagungen und Arbeitskreisen nicht wirklich weitergekommen. Schulterklopfen ja, aber konkretes Engagement, Bereitschaft zum unternehmerischen Experiment? Eher schwierig! Damit uns das Brennholz des Engagements nicht ausgeht, garen wir das Thema nun langsam und halten es auf kleinem Feuer warm bis die Not-Wendigkeit auch aus Sicht der wirtschaftlichen Keyplayer zu konkretem Engagement, zu konkreter Nachfrage führt. Solange integrieren wir die Perspektiven dieses Themas in unsere tägliche Arbeit. Dies tun wir z. B. in unseren Curricula, indem wir sie im Zusammenhang mit aktuellen Steuerungsnotwendigkeiten thematisieren. Dass es letztlich sowieso kaum anders geht, hat uns Jutta Rump

(Rump 2008)[74] auf einer Dialogtagung zum Thema ins Stammbuch geschrieben. Demographie ist eben auch ein Thema der Führung, der Personalpolitik, der Arbeitsorganisation im Unternehmen, der unternehmerischen und der gesellschaftlichen Finanzen etc. Daher mahnte sie, Demographie nicht zum isolierten Thema zu erheben, sondern es bei allen relevanten Fragen mitzudenken. Und so ist es mit Psychosomatik im Gesundheitswesen sowie mit Verantwortung in der Gesellschaft. Also heißt die Devise: Überall Verantwortung mitdenken!

Als Bild dafür eignet sich das Hologramm. In jedem Element des Hologramms wird die ganze Information berücksichtigt. Doch je nachdem, von welcher Seite es betrachtet wird, sind bestimmte Aspekte im Vordergrund und andere im Hintergrund. Sie bleiben aber unlösbar mit dem Vordergrund verbunden.

Und man braucht einen langen Atem oder die Brecht'sche lange Wut (Siegenthaler 2009). Um gesellschaftliche Entwicklungen voranzubringen, braucht man die Geduld und Kompetenz, eine Karawane in Bewegung zu setzen. Für die Karawane taugen nicht alle Routen, die die Vorhut auf schnellen Pferden ins Visier nehmen kann (Schmid 2009b). Und die Synchronisation ist schwierig. Bis die letzten merken, dass aufgebrochen werden soll, sind die ersten schon wieder müde.

Komplexe Leistungen von Systemen beruhen letztlich auf Organisationskultur. Verantwortung ist eine Dimension von Organisationskultur. Leistung geht verloren über Desintegration vieler Kulturkomponenten (Schmid 2007). Hierzu ein Bild: Als ein komplexes, wenn auch technisches System kann man sich eine große Druckmaschine

---

[74] Jutta Rump ist Professorin am Institut für Beschäftigung und Employability, Fachhochschule Ludwigshafen. Siehe dazu die Website des ibe: www.ibe-ludwigshafen.de.

vor Augen führen. Viele mechanische und elektronische Teilsysteme müssen präzise ineinander greifen, wenn das Druckergebnis hochwertig sein soll. Wenn die durch die Maschine erreichbare Qualität verbessert werden muss, ist dies selten durch Verbesserungen einer Komponente allein zu machen. Die einzelnen Teilsysteme zeigen vielleicht geringfügige Abweichungen oder solche, die man durch Veränderungen an anderer Stelle kompensieren kann. Doch multiplizieren sich viele kleinere Abweichungen zu einem insgesamt unbefriedigenden Ergebnis. Verbesserung kann dann eben auch nicht durch die eine einzelne Maßnahme erreicht werden, sondern durch viele kleine Korrekturen, die sorgfältig aufeinander abgestimmt werden müssen.

Übertragen auf menschliche Systeme macht dies deutlich, dass Leistung durch vielschichtige und nachhaltige, also auch durch alltägliche Kulturpflege in kleinen Schritten gesichert werden muss. Dummerweise reagieren die Verantwortlichen meist erst, wenn sich Fehlentwicklungen in dramatischen Zahlen zeigen. Dann ist es meist sehr spät und sie neigen zu übergroßen Gesten und zu einseitigen Lösungsversuchen. Wenn sich Desintegration erst in deutlichen Zahlen zeigt, ist es meist nicht damit getan, an einzelnen Schrauben nachzustellen. Zum Umgang mit Unternehmenskultur gehört also auch, Urteilsfähigkeit zu entwickeln, welche die Zahlen ernst nimmt, sich aber nicht vorrangig an ihnen orientiert und die Zukunftssicherung bezüglich „weicher Faktoren" so ernst nimmt wie bezüglich „harter Faktoren". Während Zukunftssicherung im Bereich der Finanzen, der Ressourcen, der Märkte, der technologischen Entwicklungen allgemein und der IT-Organisation eher betrieben wird, findet sie in Bezug auf die Menschen und die Kulturpflege für Menschen nicht genügend Aufmerksamkeit. Menschen werden oft in erstaunlicher Naivität als eine Art „nachwachsender Rohstoff" betrachtet, der schlechte Bedienung und Wartung verzeiht und sich zudem selbst repariert, falls dies mal nötig ist. Dies hat damit zu tun, dass Menschen viel und lange kompensieren und improvisieren, Belastungen ertragen und immer wieder neu zu Engagement und Hoffnung finden. Auch suchen sie Fehler bei sich selbst, wenn das dann nicht mehr klappt. Solches Engagement ist sympathisch und im Einzelfall evolutionstauglich, doch auch ein Problem, weil strukturelle Probleme zu lange ungelöst bleiben. Menschen funktionieren lange, so dass ihre Vernachlässigung kaum noch auffällt, weil man etwas zynisch schon nichts mehr anderes erwartet. Wenn das Engagement dann kippt, ist es schwer, es wieder herzustellen. Jeder kennt Beispiele für eine „innere Kündigung"! Wie beglückend dann umgekehrt Verantwortungskultur ist, wenn sie mal wieder überraschend erlebt wird, kennt wahrscheinlich auch jeder. Die Kompensationsfähigkeit lebender Organismen nährt auch Illusionen, man könne z.B. einfach durch Zahlenvorgaben führen, ohne - um in der Theatermetapher (Schmid 2004b u. 2009c) zu sprechen - wirklich Plots, Drehbücher und Inszenierungspläne zu entwickeln oder das Ganze auf Können, Verfügbarkeit und eigene Lebensmotive der Spieler abstimmen zu müssen. Wenn mangels Inszenierungskompetenz der Verantwortlichen Schwierigkeiten und Klagen aufkommen, reibt man sich dann noch eher an den sich unter Überdruck zeigenden unangemessenen Verhaltensweisen anstatt sich der Inszenierungsprobleme wirklich anzunehmen.

Wenn Korrekturen von Fehlentwicklungen mühsam sind, liegt das nicht unbedingt an der Unwilligkeit oder Inkompetenz Einzelner, sondern daran, dass die Verhältnisse durch Verschleppungen und systemische Wechselwirkungen so schwierig geworden sind, dass Einzelne (auch Mächtige) gar nicht so einfach Abhilfe schaffen können. Sie müssen sich mit anderen fach- und zuständigkeitsübergreifend organisieren. Dafür gibt es keine eingespielten Abläufe. Dann fehlt oft die Zeit und es finden sich immer aktuelle Dringlichkeiten, die solche kreativen systemübergreifenden Bemühungen in der Priorität abrutschen lassen. Schließlich verliert man auch den Mut und das Selbstvertrauen, zumal sich Besserungen lange unter der Oberfläche auswirken, bis sie sich deutlich zeigen (Schmid/Messmer 2004b). Gewohnheiten reichen für solche Prozesse nicht aus. Um schwierige Phasen zu überwinden, muss man übliche Begrenzungen übersteigen. Das löst schnell Ängste aus, bei einem selbst und bei anderen, die dann um ihre Position, ihre Privilegien, ihre Wertschätzung fürchten. Hinzukommt, dass die Logik von Krisenbewältigung anders ist als die Pflege von Kultur, mit der man Krisen vermeiden kann. Auch gefallen sich manche in der Dramatik einer Krise besser als in der Alltagsgestaltung. Oder man lässt Krisenmanager zu lange gewähren, die eben in Krisenbekämpfung denken und den Übergang zu einem wieder unspektakulären Alltag nicht finden. Doch: „Eine Krise kann jeder Idiot haben. Was mir Sorge bereitet, ist die Bewältigung des Alltags!" (Anton Tschechov) Am besten ist, man lässt es nicht soweit kommen und investiert in Kulturerhaltung so wie ein umsichtiger Bauer in Bodenpflege investiert. Anders als Natur ist Kultur ein verderbliches Gut: Wenn Kultur nicht ständig erneuert wird, verdirbt sie. Spielräume gibt es dafür immer, wenn man die Bedeutung ernst nimmt. Kulturpflege hat ihren Preis, den man im Nachhinein manchmal gerne gezahlt hätte, wenn quick und dirty seine Folgen offenbart. Spielräume erkennen und nutzen steckt an. Paul Watzlawick nennt das die „Kettenreaktion des Guten". Umgekehrt gilt für den Kulturniedergang Hannah Arendt's Wort von der "Banalität des Bösen".[75] Die meis-

---

[75] Siehe hierzu auch Kapitel „Whistle-Blowing" sowie „Spielräume".

ten Mitverantwortlichen sind nicht böse, nur unaufmerksam. Und sie wehren den Anfängen nicht, dann, wenn Korrekturen noch einfach sind und auch keinen Heldenmut erfordern, nur etwas Zivilcourage (Schmid 2009d). Erst später, „wenn die Sonne der Kultur niedrig steht, werfen selbst Zwerge einen langen Schatten" (Karl Kraus).

Verantwortungskultur stärken heißt gleichzeitige und komplementäre Neuorientierung in vielerlei Hinsicht. Einiges wurde dazu schon ausgeführt. Aus weiteren Dimensionen soll nun noch einiges herausgegriffen werden.

Das Wort komplementär verweist schon auf ein wichtiges Qualitätskriterium für Konzepte und Vorgehensweisen auf dem Weg zu einer Verantwortungsgesellschaft. Viel zu viele Konzepte und Positionen werden gegen andere herausgestellt. Das ist unseren Gewohnheiten des dualen Denkens geschuldet. Gerne werden sogar polare Positionen bezogen, weil man glaubt, damit deutlich werden zu können. Doch sind Dinge - in ihrer Einseitigkeit betont oder in extreme Positionen verrückt - selten richtig. Vor allem sind sie nicht geeignet, sich einzufügen und mit anderen zusammen vielschichtige Entwicklungen voran zu bringen. Zwar sind fast alle für Ganzheit, viele achten aber zu wenig auf Integrierbarkeit oder zumindest Ankoppelbarkeit ihrer Positionen, Konzepte, Produkte und Vorgehensweisen. Im Gegenteil suchen sie sogar Identität und Alleinstellungsmerkmale, indem sie behaupten, etwas zu haben, was sonst keiner hat. Doch nicht, dass man Blumen vorzeigt, die es sonst nicht gibt, sondern dass man Blumen, die andere auch kennen, zu einem einzigartigen Strauß bindet, bewirkt anschlussfähige Identität (Schmid 2004c).

Die operationale Übersetzung von Ganzheit heißt Ergänzung. Damit dabei nicht ein unverbundenes Nebeneinander oder gar Gegeneinander herauskommt, sollte jeder seinen Beitrag auf Integrierbarkeit bzw. Komplementarität hin ausrichten. Duales und oft auch polares Argumentieren stabilisiert die Fragmentierung unserer Gesellschaft. Daher sehe ich alle, unabhängig von ihren sonstigen Standpunkten, in einer Integrationsverantwortung (Schmid 2008). Das ist emotional und intellektuell durchaus anspruchsvoll: die Spannung auszuhalten zwischen scheinbar inflationär ausgeweiteten Perspektiven, die keine einfachen Positionierungen mehr zulassen und dem immer wieder neuen und fragmentarischen Bemühen, die Dinge zueinander zu führen - nicht nur in der Praxis, sondern auch in der Programmatik. Sloterdijk hat auf die Brückenbauverantwortung aller hingewiesen (Sloterdijk 2007). Wir brauchen Mathematiker, die gleichzeitig Künstler sind, Physiker, die gleichzeitig Schamanen sind, Musiker, die gleichzeitig Politiker sind usw. Viele reichern längst ihr Leben und ihr Berufsverständnis so an. Programmatische Integration ist allerdings noch mehr als gelebtes Neben- und Miteinander verschiedener Identitäten. Insgesamt geht es heute eher um 10-Kämpfertum als um Dominanz und Optimierung von Einzeldisziplinen.

Wir brauchen ein neues Verständnis des Zusammenspiels von Kreativität und Nachhaltigkeit (Schmid/Hüther 2009). Viel zu oft wird Kreativität mit dem Entwickeln von kühnen Ideen allein verwechselt. Solche brauchen wir auch. Doch ist das der Engpass in unserer Entwicklung? Fehlt es nicht mehr an der Umsetzung unendlich vieler guter Ideen, die im Gestrüpp der Umsetzungsschwierigkeiten und Widerstände hängen bleiben? Kreativität meint nicht unbedingt jeden Tag eine neue Idee, sondern viel öfter die eine brennende Frage, zu der über lange Zeit jeden Tag neue Antworten gesucht werden[76]. Außer den Bühnen-Stars brauchen wir Menschen, die innovative Bühnen betreiben. Wir nennen sie Intendanten, Verantwortliche für das Zusammenspiel in Organisationen, verantwortlich dafür, dass aus einer Idee eine tägliche Aufführung werden kann.

Neue Wege in eine Verantwortungsgesellschaft sind also nicht auf die Schnelle zu finden. Vermutlich gilt hier, was gerne über Burn-out gesagt wird. Man braucht heraus letztlich genauso lange wie hinein. Die hier aufgezeigten Perspektiven sind als intellektuelle Wegzehrung auf unserem Weg gedacht.

[76] Das CERN. Ein Weltbild auf Kollisionskurs? Die Physikerin Felicitas Pauss im Gespräch mit Nathalie Wappler in Sternstunde Philosophie SF Kultur 14.11.2010

Literatur

HILLMAN, James u. VENTURA, Michel (1999): **Hundert Jahre Psychotherapie – und der Welt geht's immer schlechter.** Ostfildern: Patmos.

RUMP, Jutta (2008): Demografie mitdenken: Trends für Gesellschaft und Bildung. Einstiegsvortrag auf dem 3. Forum Demografie mitdenken, 20.10.2008 in Wiesloch.
Als Audiodatei des isb (Nr. 350) verfügbar.

SCHMID, Bernd (1991): **Auf der Suche nach der verlorenen Würde** - Kritische Argumente zur Ethik und zur Professionalität in Organisationen, in: Zeitschrift für Organisationsentwicklung 3/91, S. 47-54 sowie in perspektive: blau – ein Online-Wirtschaftsmagazin (Februar 2009).

SCHMID, Bernd (1996): **Kulturverantwortung**, in: perspektive: blau – ein Online-Wirtschaftsmagazin (April 2009). Veröffentlichungstitel: **Kulturverantwortung in Unternehmen.**

SCHMID, Bernd (1997): **Lifespenders Value – oder: Hat die Personalarbeit den Menschen aus den Augen verloren?,** in: Zeitschrift für Transaktionsanalyse, 04/97, S. 180-193 sowie in perspektive: blau – ein Online-Wirtschaftsmagazin (Sept. 2008).

SCHMID, Bernd (2004a): Scheuklappen-Ansichten. Aus den Vignetten von Bernd Schmid.

SCHMID, Bernd (2004b): **Die Theatermetapher in der Praxis**, in: LO- Lernende Organisation. Zeitschrift für systemisches Management und Organisation, Nr. 20, Juli/August 2004. Auch in: Schmid/Messmer (2005), S. 161-169.

SCHMID, Bernd (2004c): **Identität und Abgrenzung,** in: perspektive: blau – ein Online-Wirtschaftsmagazin (November 2009.

SCHMID, Bernd (2007): **Wenn Organisationen desintegrieren – Weiche Themen mit knallharten Auswirkungen**. Beitrag zum Diskussionsforum des forum humanum (2007), in: perspektive: blau – Ein Online-Wirtschaftsmagazin (Februar 2008).

SCHMID, Bernd (2008): **Zeitalter der Integrationsverantwortung**. Blog 2 von Bernd Schmid, siehe hierzu im vorliegenden Band das Kapitel „Integrationsverantwortung" S. 132ff.

SCHMID, Bernd (2009a): **Reflexionen zum Generationendialog,** in: Thomas Gutknecht, Thomas Polednitschek, Thomas Stölzel (Hg.): „Philosophische Lehrjahre- Beiträge zum kritischen Selbstverständnis Philosophischer Praxis". Reihe: Schriften der Internationalen Gesellschaft für Philosophische Praxis (IGPP)Bd. 1, S. 225-241.

SCHMID, Bernd (2009b): **Spinner und Funktionäre.** Blog 37 von Bernd Schmid, siehe hierzu im vorliegenden Band das gleichnamige Kapitel S. 111ff.

SCHMID, Bernd (2009c): Pragmatische Konzepte im Coaching, in: Bernd Birgmeier (Hg.): „Coachingwissen. Ansätze, Betrachtungen, Konzepte und Entwürfe zur Theorie- und Wissenschaftsorientierung im Coaching". VS-Verlag, Wiesbaden 2009.

SCHMID, Bernd (2009d): Die Würde des Managers ist antastbar, in: Coaching-Magazin 01/2009 – Das moderne Magazin für die Coaching-Branche. Herausgegeben von Christopher Rauen.

SCHMID, Bernd (2009e): Intendanten-Professionalität für gesellschaftliche Projekte. Ein Thesenpapier. Siehe außerdem Appendix.

SCHMID, Bernd (2011) Kybernetischer Humanismus – weite Horizonte für Beziehungen. Eine Hinführung und 99 Thesen zu einem Integrativen Humanismus. Beitrag zum Tagungsband der DGTA, Passau Mai 2011.

SCHMID, Bernd u. HOHR, Klaus-Dieter (2007): Senior-Experten und andere Antworten auf die demografische Entwicklung in der Rhein-Neckar-Region, in: Demografischer Wandel in der unternehmerischen Praxis. Mit Best-Practice-Berichten. herausgegeben von Guido Happe. Gabler Verlag.

SCHMID, Bernd u. HÜTHER, Gerald (2009): Der Innovationsgeist fällt nicht vom Himmel. Kreativität in Menschen und Organisationen aus neurobiologischer und systemischer Sicht, in: Die Organisation in Supervision und Coaching. Sonderausgabe der Zeitschrift OSC – Organisationsberatung Supervision Coaching 03/2009. Herausgegeben von Astrid Schreyögg und Christoph Schmidt-Lellek, Wiesbaden: VS-Verlag, S. 126-142.

SCHMID, Bernd u. MESSMER, Arnold (2004a): **Auf dem Weg zu einer Verantwortungskultur im Unternehmen.** LO - Lernende Organisation. Zeitschrift für systemisches Management und Organisation, Nr. 18, März/April 2004, S. 44-50. Auch in: dies. (2005), S. 48-63.

SCHMID, Bernd u. MESSMER, Arnold (2004b): **Phasen der Krisenentwicklung in Organisationen.** LO - Lernende Organisation. Zeitschrift für systemisches Management und Organisation, Nr. 17, Jan./Feb. 2004, S. 36-42. Veröffentlichungstitel: **Krisenphasen diagnostizieren und damit umgehen.** Auch in: dies. (2005), 64-80.

SCHMID, Bernd u. MESSMER, Arnold (2005): **Systemische Personal-, Organisations- und Kulturentwicklung** – Konzepte und Perspektiven. Bergisch-Gladbach: Edition Humnaistische Psychologie (EHP).

SCHMID, Bernd, VEITH, Thorsten u. WEIDNER, Ingeborg (2010): **Einführung in die kollegiale Beratung.** Heidelberg: Carl-Auer Verlag.

SIEGENTHALER, Hansjörg (2009): **Lang soll die Wut sein,** Beitrag in: Die Wochenzeitung WOZ Zürich vom 30.04.2009.

SLOTERDIJK, Peter (2007): **Optimierung des Menschen?** Sendung des Vortrags am 16.01.2011 in der SWR Tele-Akademie, Informationen bei der Teleakademie des SWR.

Intendanten – ein Thesenpapier

Professionalität für gesellschaftliche Projekte[77]

„Wenn Du ein Boot bauen willst, ist die Sehnsucht nach fernen Horizonten vielleicht entscheidend. Wenn eine Flotte benötigt wird, brauchst Du noch Werften und Schulen für Bootsbau und Seefahrt."
Bernd Schmid

Ausgangslage:
Am Anfang vieler gesellschaftlicher Projekte stehen begeisternde Ideen, die von charismatischen Vertretern auf wechselnden Bühnen propagiert werden. Dadurch werden Menschen begeistert und motiviert, einen Teil ihres Engagements der Verwirklichung solcher Ideen zu widmen.

Dann zeigen sich die „Visionäre" erfreut und sind bereit, Ideen, ihr Charisma und ihre Prominenz bei weiterer Initialveranstaltungen zur Verfügung zu stellen. So soll Begeisterung multipliziert werden. Wie gutes Engagement, Initiativen und Projekte für die so Begeisterten aussehen könnten, bleibt offen. Damit werden auch die diesem Vorgehen immanenten Probleme mit vervielfacht: Es werden diffuse oder unrealistische Perspektiven und Vorstellungen über die Verwirklichung von Vorhaben und die dafür notwendigen Zutaten akzeptiert.

Notwendig werden über kurz oder lang meist Projektstrukturen bzw. Vorstellungen von einer Projektentwicklung, eine Didaktik für leistbare Entwicklungsschritte und Vorstellungen über die Organisation von Multiplikation.

---

[77] Thesenpapier von 10/2009 siehe auch: Andrea Günther (2011) Intendanz: Eine neue Sicht auf Unternehmensführung, in: perspektive blau. Online-Wirtschaftsmagazin.

Diese Gestaltungselemente (zumindest rudimentär und ergänzend) stehen aber selten zur Verfügung. Sie werden oft nicht einmal als notwendig erachtet bzw. als Behinderung für Eigeninitiative und schöpferische Lösungen angesehen.

Nicht selten hinken sogar bei den Visionären selbst ein angemessenes Organisationsniveau, Strukturen und Prozesse in eigenen Projekten hinterher, erst recht solche für die Entwicklung nachhaltiger Multiplikation. In dieser Hinsicht wird weder Orientierung noch Anleitung geboten. Jeder muss vor Ort „das Rad selbst und neu erfinden".

Eine Analogie: Reicht es aus, Menschen für gesunde Ernährung und gesunde Lebensmittel zu begeistern? Wie viele schaffen eine Änderung ihrer Gewohnheiten ohne konkrete Anleitungen bezüglich ihres Einkaufverhaltens und Kochens, sowie vielleicht sogar zum Anbau? Wie viele animieren andere erfolgreich, ohne ein Konzept, wie es nach erfolgter Inspiration weitergehen soll?

Tatsächlich überfordert die notwendige Entwicklungsarbeit vor Ort ohne Vorlagen meist mögliches Engagement und verfügbare Kompetenzen. Engagierten bliebe nur, selbst die ganze Angelegenheit in die Hand zu nehmen, die notwendige Entwicklungsarbeit selbst zu leisten. Dies lässt sich selten mit verfügbaren Kompetenzen oder dem Bedürfnis vereinbaren, sich begrenzt aber wirksam zu engagieren, so dass Initiativen schließlich versanden.

Das Misslingen eines solchen Engagements wird dann mangels nüchterner Analyse der Zusammenhänge und wegen fehlendem Bewusstsein über hinreichende Gestaltungsmittel und Kompetenzen falsch zugeordnet. Solange der Begeisterungsfaktor überbewertet wird, erleben sich Repräsentanten anderer unspektakulärer Kompetenzen und Mitgestaltungen als weniger wertvoll und gewürdigt, nach außen sowieso, aber auch im internen Verhältnis.

Dementsprechend misslingt oft ein nachhaltiges Zusammenwirken von Begeisterung, der nachhaltige Aufbau von Projekten und leistbarem bzw. wirksamem Engagement. Es entsteht keine Plattform und keine Strategie für den Einbezug von weiteren begrenzten Engagements. Oft steht für gemeinsame Entwicklungen in dieser Richtung auch keine Würdigung in Aussicht.

Misslingt solches Engagement, ist am Ende manchmal mehr Schaden als Nutzen gestiftet. Beim nächsten Aufruf ist es schwieriger, Begeisterung zu wecken. Das Feld flüchtet in allerlei Rationalisierungen und lernt wenig dazu. Die Skeptischen behalten Recht. Gerade die größten Idealisten sind anfällig, in Richtung Zynismus zu kippen oder sich in neue Begeisterungen ohne Nachhaltigkeit zu stürzen.

Obwohl im Überfluss vorhanden, wird mögliches Engagement nicht abgerufen, weil es keine „Auffanggefäße" dafür gibt. Angebotene Kompetenzen können nicht genutzt werden, weil es keine Gerüste gibt, in die sie sich einklinken können. Drehbuch-, Regie- und Intendanzkompetenzen sowie ein Würdigungssystem für Funktionen im Hintergrund fehlen. Deshalb: Es mangelt nicht in erster Linie an richtigen und begeisternden Ideen, sondern an Haltungen, Kompetenzen und Vorgehensweisen bezüglich einer nachhaltigen Umsetzung.

Hier setzen Bemühungen um eine nachhaltige Projektentwicklung und den Aufbau entsprechender professioneller Ausstattungen für „Intendanten" ein. Intendantenprofessionalität kann große Ideen und den charismatischen Faktor nicht ersetzen, sondern zur nachhaltigen Verwirklichung sowie zu einem intelligenten, gewürdigten und sinnvoll begrenzten Einsatz aller Player verhelfen.

**KULTUR ENTSTEHT
DURCH KULTUR**

isb - mehr als Weiterbildung

Das **isb** (Leitung: Thorsten Veith) steht als Fachinstitut für Professions-, Organisations- und Kulturentwicklung seit 1984 für hochwertige Professionalisierung von Fachleuten in Organisationen / Unternehmen und ist dort eines der erfahrensten und renommiertesten Institute. Es qualifiziert Führungs- und Fachkräfte bezüglich der Steuerung von Organisationen in Veränderungsprozessen, in systemischer Beratung und Coaching sowie Organisations- und Kulturentwicklung.

Sein Renommee am Markt verdankt das **isb** seinen innovativen Konzepten und Methoden zu den aktuellen Herausforderungen in der Entwicklung von Unternehmen und persönlicher Professionalität. Das Netzwerk von Professionals des **isb** umfasst tausende Alumni aller Branchen (darunter 90% der DAX-Unternehmen) und anderer Gesellschaftsbereiche.

Das **isb** steht aber mittlerweile für Vieles mehr: Services, Initiativen und Events rund um das isb-Netzwerk, im Feld und in Kooperation mit nationalen und internationalen Verbänden / Organisationen, sowie medial aufbereitetes Know-how zu Inhalten und Methoden. Das **isb** gestaltet das Feld systemischer Praxis und systemischer Unternehmensentwicklungen maßgeblich mit.

Publikationen, Themenhandouts, Audios, Videos und Arbeitsmaterialien finden Sie kostenfrei in unserem Medienbereich zur eigenen Nutzung: http://isb-w.eu

Besuchen Sie auch unsere internationale Präsenz: http://isb-i.eu

Zeitfracht Medien GmbH
Ferdinand-Jühlke-Straße 7
99095 Erfurt, Deutschland
produktsicherheit@kolibri360.de